ミドル・シニアの脱年功マネジメント

40〜50代「年上部下」の躍進行動支援の勘所

パーソル総合研究所 [編]

石橋 誉　小林 祐児　迎 美鈴　中島 夏耶

労務行政

はじめに

　本書は、超高齢化社会の日本において人材マネジメントの大きな課題として立ちはだかる上司と部下の年齢逆転の状況も踏まえた"脱"年功のマネジメントについて解説したものである。

　内容の原点は、2017年度に法政大学　石山恒貴研究室とパーソル総合研究所で行った「ミドル・シニア社員の躍進探求プロジェクト」にある。この調査の目的は、今後増加が予想され、現時点においても"ぶら下がり"などと批判されることも多いミドル・シニア社員の実態と躍進に向けたメカニズムを、調査に基づいて明らかにすることにあった。感覚的な議論になりがちなミドル・シニア社員の真の姿に、データ・サイエンスの力によって接近を試みたものである。

　この調査で明らかになってきたことが、躍進行動の促進のカギは本人の心掛け、行動もさることながら、上司マネジメントが大きな影響力を持っており、なおかつ年齢が逆転すると、そのマネジメントはさらにうまくいかなくなっているという実態だった。そうしたデータは、年下の上司・年上の部下に対し、多くの苦悩やトラブルを抱えている現場の従業員の姿とも重なるものだった。

　我々は、この逆転状況のマネジメントの在り方、躍進行動の促進の課題を解決するべく、調査結果を広く世に発表するとともに、石山恒貴教授、北川佳須美氏（ライフキャリアリサーチ代表　専門カウンセラー）の協力の下で打ち手の開発まで行ってきた。

　日本的経営の特徴は、新卒一括採用、年次管理、年功序列賃金といった「年功マネジメント」だったが、70歳雇用確保時代において「年功マネジメント」は限界にきているといっていい。新たな日本的経営においては「"脱"年功のマネジメント」への対応が急務である。その際に本書が少しでもお役に立てれば幸いである。

　この場を借りて、調査プロジェクトを率いた田中　聡氏（立教大学　助教授　パーソル総合研究所フェロー）、青山　茜氏（パーソル総合研究所研究員）にも感謝を申し上げたい。

2020年 5 月

　　　　　　　　　　　　　　　　株式会社パーソル総合研究所
　　　　　　　　　　　　　　　　石橋　誉、小林祐児、迎　美鈴、中島夏耶

Contents

Contents

第4章　役職定年制の功罪と運用の留意点

Contents

第5章　環境変化に伴い様変わりする職場
　　　　——脱年功マネジメント

第 1 章

40〜50代
ミドル・シニア社員の活性化の条件

1 人生100年時代で喫緊の課題となる ミドル・シニア社員の対策

［1］"シフト"の必要性の高まり

「人生100年時代」というワードも耳慣れた言葉となってきた。この言葉は、ビジネス書としてベストセラーとなったロンドン・ビジネススクールのリンダ・グラットン教授の著書『LIFE SHIFT』で広く知られるようになった言葉である。

その書籍では、医療の進歩、食生活の改善などにより人間の寿命は今後100年を前提として考えなくてはならず、もはや学習→就労→引退の３ステージの生き方は、マネープランの観点でもスキル陳腐化の観点でも限界となり、学び直しと複数キャリアが生涯において繰り返される「マルチステージキャリア」を前提とした生き方への意識・行動の転換（＝"シフト"）の必要性が説かれている。

『LIFE SHIFT』は、特定の国に向けて書かれたものではない。だが、日本が"シフト"の先頭を行かなくてはならないことはデータからも明らかである。国別平均年齢を見ても2017年時点における日本の平均年齢は約47歳。これはWHO（世界保健機関）183カ国において第１位である。平均寿命の延びは、少子高齢化と相まって日本という国の極めて高い高年齢化を招いている。

こうした変化を受けて、戦後の経済、社会状況を前提に成立した社会保障制度や労働法制などに歪みが生じており、制度改正が急速に進められようとしている。

戦後と現在の違いを数値で示すと、昭和35（1960）年における男性の平均寿命は約65歳、当時の定年は55歳だった。会社人生を終えた後の時間は10年しかなかったのである。平成30（2018）年の男性の平均寿命は約81歳、定年は60歳。この差は約20年である。

国においては少子高齢化で年金納入者が減る一方、年金受給者が増え

受給期間も長期化することで年金財政が逼迫（ひっぱく）する。個人の観点で見れば、年金・退職金だけでは長くなる老後生活が不安になる。国も個人も"シフト"しなくてはならない瀬戸際に立たされている。

［2］企業に求められるミドル・シニア社員の"シフト"

　"シフト"は国や個人だけではない。企業においても社員の雇用、人材開発、人事制度、マネジメントといった人材マネジメント全般に関する"シフト"が迫られている。

　年功序列、終身雇用を特徴とする日本企業の人材マネジメントは、戦後において55歳定年を前提とし、「新卒一括採用」「年功管理」「終身雇用」で成り立ってきた。この仕組みは何度か修正が試みられているが、正社員を対象とした運用面においては「年功管理」「定年までの終身雇用」がいまだに根強く残っている。

　現在の定年年齢は、1986年に60歳が努力義務となり、1994年に60歳定年が義務化され、改正法は1998年に施行されて完全移行した。さらに2000年には65歳までの雇用確保措置が努力義務とされ、2013年の改正法施行で希望者全員を継続雇用することとなった。厚生年金の支給開始年齢が65歳に引き上げられる2025年には65歳への定年延長が濃厚であり、70歳までの雇用確保措置義務も現実的なものとなっている。

　こうした中で企業において早急に"シフト"が必要な対象は、人件費・要員ボリュームとして大きなウエートを占める40〜50代のミドル・シニア社員である。多くの大企業において総額人件費に占めるミドル・シニア社員の人件費ウエートは高く、一方で「賃金に見合った働きをしない」「ぶら下がり」などと問題視される対象にもなっている。

　パーソル総合研究所（以下、当所）では、40〜50代のミドル・シニア社員（ミドル：40〜54歳／シニア：55〜69歳）2300人に対し、就業意識や躍進の実態に関する大規模なアンケート調査を行った。そこでジョブ・パフォーマンス尺度を用いて、ミドル・シニア社員の仕事での成果創出

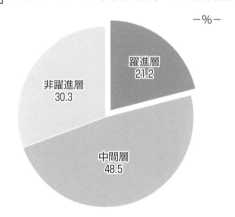

図表1−1 ミドル・シニア社員の仕事での成果創出の実態

−％−

躍進層
21.2

非躍進層
30.3

中間層
48.5

資料出所：パーソル総合研究所／法政大学 石山恒貴研究室「ミドル・シニア
の躍進実態調査」（2017年、［図表1−11～12］も同じ）

の状態によって「躍進層」「中間層」「非躍進層」の３層に分類し、その割合を算出した。この結果、高いパフォーマンスを発揮している「躍進層」は全体の21.2％にすぎないことが明らかになった［**図表1−1**］。

　ミドル・シニア社員においては、30.3％の「非躍進層」、48.5％の「中間層」を合わせた78.8％、約８割の社員の"シフト"が必要とされているのである。

2 バブル期入社層を中心とした組織の高年齢化と その問題

［1］組織の高年齢化の進展状況

　シフトが急務とされるミドル・シニア社員は要員構成的に大きなウエートを占めている。従業員規模1000人以上の大企業の年齢別要員構成に目を向けると、1990年代初頭のバブル期大量採用世代の年齢が高くなったこともあり、年齢階層別に見ると50歳前後に要員が偏在した状態となっ

ており［**図表1−2**］、今後も高年齢化が進行していくことが想定されている。

　日本生産性本部のレポートによると、労働力人口の高年齢化の特徴として、第三次産業の進展や高学歴化の影響で、ホワイトカラー（「管理的職業従事者」「専門的・技術的職業従事者」「事務従事者」「販売従事者」「サービス職業従事者」）の比率が高くなる点が指摘されている。労働力人口に占めるホワイトカラーの比率は、2005年の約5割強から、10年後の2015年には約7割まで上昇している。特に、ホワイトカラーに限定した高年齢化の状況を見ると、企業の約9割が中高年偏在型となっている（経団連「ホワイトカラー高齢社員の活躍をめぐる現状・課題と取組み」2016年［**図表1−3**］）。

| **図表1−2** | 進行する組織の高年齢化 |

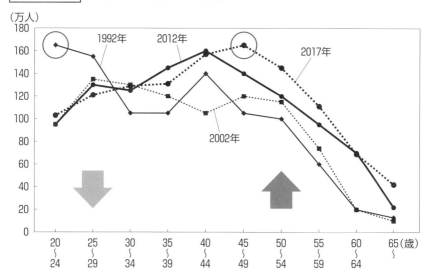

資料出所：総務省統計局「平成30年 就業構造基本調査」

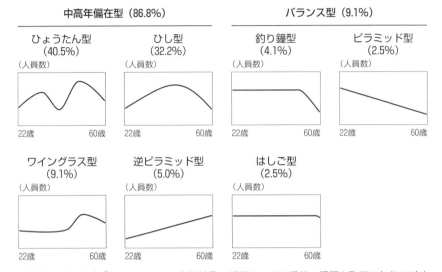

図表1−3 ホワイトカラーの人員構成イメージ

中高年偏在型（86.8%）

ひょうたん型
（40.5%）
（人員数）

22歳　　　60歳

ひし型
（32.2%）
（人員数）

22歳　　　60歳

バランス型（9.1%）

釣り鐘型
（4.1%）
（人員数）

22歳　　　60歳

ピラミッド型
（2.5%）
（人員数）

22歳　　　60歳

ワイングラス型
（9.1%）
（人員数）

22歳　　　60歳

逆ピラミッド型
（5.0%）
（人員数）

22歳　　　60歳

はしご型
（2.5%）
（人員数）

22歳　　　60歳

資料出所：経団連「ホワイトカラー高齢社員の活躍をめぐる現状・課題と取組み」（2016年）

［2］組織の高年齢化の進展がもたらす問題

　組織の高年齢化の進行自体は直接的に企業に悪影響を及ぼすわけではない。だが、年功型の日本型人材マネジメントにおいては高年齢化が進行すると、パフォーマンス（発揮価値）と処遇がミスマッチとなった社員がミドル・シニア社員に多く発生しがちである。日本生産性本部の調査によると、賃金と役割のミスマッチを起こしている社員が50代に存在すると回答する企業が約4割あり、全体ではミスマッチな社員が2〜3割程度存在しているとの結果が出ている［**図表1−4**］。

　この原因として、ミドル・シニア社員の処遇（賃金水準）が若手社員に比べて割高であることが挙げられる。実際に賃金の観点から見ると、厚生労働省の「賃金構造基本統計調査」から従業員規模1000人以上の賃金プロファイルを見た場合、1000人未満とは異なり50〜54歳を頂点に年功的なカーブを描いている［**図表1−5**］。

図表1－4　成果と処遇がミスマッチしている社員の増加

業務内容、成果、貢献に比べて
賃金が見合っていない社員は
どの年齢層にいるか

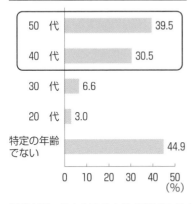

業務内容、成果、貢献に比べて
賃金が見合っていない社員は
およそ何割を占めるか

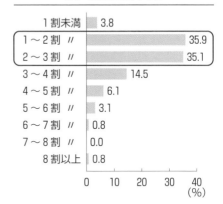

資料出所：日本生産性本部「第14回 日本的雇用・人事の変容に関する調査」（2014年）

図表1－5　年功色が強い大手企業の賃金プロファイル

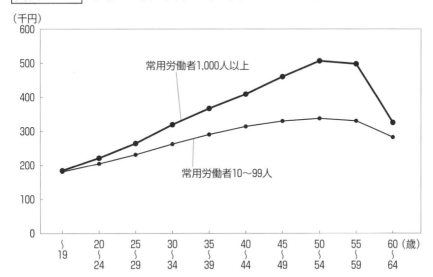

資料出所：厚生労働省「平成30年賃金構造基本統計調査」

大企業においては、成果主義人事制度などが導入されてきたにもかかわらず、正社員においてはいまだに年功的な処遇が踏襲されていることが分かる。この賃金プロファイルでも高処遇なりの役割を担い、パフォーマンスを発揮できていれば問題はないのだが、40代後半から50代のバブル期入社層には、管理職クラスの待遇であるものの、部下もおらず専門性も高くない社員や、実務処理能力は若手・中堅社員と変わらないものの、残業代も含めた年収となると管理職に匹敵する高い処遇を享受している非管理職社員が少なからず存在している。

　また、中高年層において長期の滞留で昇格が頭打ちとなった社員の閉塞感や仕事に対する意欲の減退、役職定年等で役割・処遇が見直された社員においてはモチベーション低下も生じている。本来、中高年社員は若手に比べてスキルが高く、結果としてパフォーマンスは高いはずである。一方で、社内での昇進・昇格を重視する社員は、昇格や賃金上昇が頭打ちとなるとモチベーションが低下してしまう。

　筆者は仕事柄、さまざまな企業の社員満足度調査の結果を見る機会があるが、40代、50代で初級管理職レベルにとどまっている社員は、仕事に対するモチベーションが相対的に低い状態であることが多い。

　仕事における成果・業績（パフォーマンス）を簡単な式で表すと、「スキル×モチベーション＝パフォーマンス」となる。これはモチベーションが低下すると、仮にスキルが高くてもパフォーマンスは上がらないことを意味する。実際に、モチベーションが低下した50代社員は、難しい仕事を先送りにしてやらないようになる、新たな挑戦をしなくなることで生産性が低下することが独立行政法人高齢・障害・求職者雇用支援機構の報告書（「中高年従業員の仕事能力把握ツール開発研究報告書」2006年）でも示されている。さらに、テクノロジーの進化やビジネスモデルの変化により獲得したスキルが陳腐化すると、パフォーマンスの低下はさらに大きなものになる。こうした問題は、これまで定年による「一括代謝」で解消されてきたが、高年齢者雇用安定法による65歳までの雇用

確保措置に伴い定年後再雇用や定年延長で代謝が先延ばしになり、問題はさらに大きくなる傾向にある。

3　バブル期入社層の活性化に向けた組織的なアプローチ

[1] 人材マネジメントのパラダイムシフトと経営スタンスの明確化

　処遇と役割のミスマッチやミドル・シニア社員のパフォーマンスの低下は、企業の人材マネジメントの構造全体の不整合から発生しているものである。

　本来、日本型雇用はピラミッド型の人員構成、かつ企業の成長を前提とすれば、うまく回る仕掛けだった。市場環境の変化のスピードが速く、低成長かつ組織も高年齢化してくる状況に置かれると、人件費やポジションのコントロールが難しくなってくる。一方で人件費やポジションコントロールを重視すると、年功処遇を期待する社員のモチベーション維持が難しくなるといったデメリットが現れる。これを解消していくためには、人材マネジメント全体の視点で考えていくことが必要になる[**図表1−6**]。

　さらに組織の高年齢化に伴う問題を解決していくためには、以下の三位一体のアプローチで行っていくことが必要となる [**図表1−7**]。
①人事制度改革・運用改革
②職域の拡大・多様化
③キャリア自律意識の促進

　その前提として、まず必要となるのが経営スタンスの明確化である。

　上記の制度、職域、自律意識、そのどれもが経営のスタンスに大きく影響される。特に、①人事制度改革・運用改革、②職域の拡大・多様化は、社内のコンセンサス形成・実行に向けた組織体制の確立、予算化な

| 図表1-6 | 人材マネジメントのパラダイムシフト |

	従　来	現在・これから
事業環境	成長、発展、安定的	成熟、衰退、変化のスピードが速い
業務遂行方式	明確な目標と役割定義 機能別組織で職務を遂行	目標を発見・定義し、走りながら役割を設定、プロジェクトで職務を遂行
要員構成	ピラミッド型	変形菱形、逆三角形
フローマネジメント	新卒一括採用 定年による一括代謝	キャリア人材（戦力人材）の逐次採用 一定割合の代謝
等級制度	社内特殊技能に価値づけ（職能資格）	職務、役割基準で格付けし、都度価値を見直し（役割・職務資格）
評価制度	原資の配分が主目的 基本は加点主義、絶対評価	育成・パフォーマンス管理を重視 ミドル・シニアの基本は相対評価
能力開発	若手（35歳以下）、優秀層 社内特殊技能	ミドル・シニア、中間層・滞留層 ポータブルスキル、マインドセット
モチベーションマネジメント	若手、優秀層のキャリアアップ（昇進・昇格：外的キャリア）	ミドル・シニア （働く意義を個々に見いださせる、異なるキャリアの選択支援：内的キャリア）
再雇用の位置づけ	福祉的な再雇用（企業年金）	戦略的な再雇用（役割・成果）
課題アプローチ	機能別	機能横断

資料出所：パーソル総合研究所（以後、資料出所の明記のない図表も同じ）

ど経営資源の投入が必要な改革であり、経営スタンスの明確化を抜きにしては実現できない。

　抜本的な人事制度改革・運用改革や職域の拡大・多様化のための方策が行えない中で、対象者のキャリア自律意識だけを何とかしてほしいという要望をよく耳にするが、人事制度とマネジメントによる制度運用、そして職域は人が働く上での土台であり、土台を変えることなくして人の意識だけを変えようというのは、あまりにご都合主義と言わざるを得ない。

　一方で、企業内での高年齢化が進む中で、そうした状況を正面から見

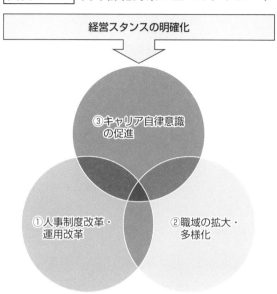

図表1－7　高年齢化対策の三つのアプローチ

経営スタンスの明確化

③キャリア自律意識
の促進

①人事制度改革・
運用改革

②職域の拡大・
多様化

据え、経営スタンスを明確化した上で対策に取り組めている企業は極めて限定的である。むしろこの問題は、これまで多くの企業で先送りにされてきたといえる。

　原因としては、組織の高年齢化問題について経営層が危機意識を持ち得ていないこと、年功序列意識を中心とした調和を崩したくない中で対策に向けたスタンスを決めかねていることがある。

　まず高年齢化の問題は、問題が顕在化するまでに時間がかかり、前例、事例も乏しく、成果が出るまでに時間もかかる。また、社員にも意思決定者自身にも不利益を生じさせる可能性があることから、経営層に二の足を踏ませている要因となっている [**図表1－8**]。

　改革を行っていく上では、問題を複数の切り口で明らかにするとともに、類似の取り組みをベンチマークすることによって、経営層が危機意識を共有化することが第一歩となる。その上で、なぜこの問題に取り組

図表1-8	高年齢化対策が進まない原因

①社員に不利益を生じさせる改革であること

②緩やかに進行する問題であること

③前例、事例に乏しい改革であること

④取り組みから成果が出るまでに時間がかかること

⑤意思決定者自身が不利益を被る可能性があること

重要性は高いが
先送りされやすい

むのか（Why）、何を目指すのか（What）、どのような施策を展開するのか（How）を決定していくことが必要になる。変革を進めていく上では、ハーバード・ビジネス・スクールのJ・コッターの「変革を進める8プロセス」に基づいて実施することになるが、多くの企業では最初の3ステップでつまずいているところが多い［**図表1-9**］。

［2］三位一体改革の考え方

　実際に経営スタンスを明確化した上で、何を変えていけばよいのか。［**図表1-10**］は高年齢化対策に関して、［**図表1-7**］で示した三位一体のアプローチ（改革要素）を分解し、天秤力学的に図示したものである。左側は社員の現状維持・依存を引き起こしてしまう要素である。この要素は、日本型人材マネジメントの特徴そのものといってよく、社員の加齢とともに加重が大きくなるものである。また、右側は社員の自律化・多様化に向けた促進要素である。

　ミドル・シニア社員の自律化・多様化という領域に到達するためには、左側の①人事制度改革・運用改革の要素を変えるとともに、右側の要素を整備し、加重をかけていくことが必要になる。もちろん、一気に物事を変えていくのは困難である。問題を捉えるとともに、時間をかけて変えられるものから徐々に変えていくことが大切である。

| 図表1−9 | J・コッター「変革を進める8プロセス」 |

危機意識を高める
- 問題を複数の切り口で明らかにする
- 類似の取り組みをベンチマークする
- 意思決定者に上記を提示し、コンセンサスを形成する

変革推進のチームをつくる
- 専担者を設置する
- クロスファンクションの連携を取る
　（企画、制度、労政、研修）

ビジョンと戦略をつくる
- 社員視点で大義を置き、グランドデザインを描く

変革のためのビジョンを
周知徹底させる
- トップが関与する
- さまざまな手段を使って伝える
　（集会、社内報、研修、面談）

社員の自発を促す
- 声の大きい管理職から展開する

短期的成果を実現する
- スモールスタートを行う
- 事前・事後の効果検証を行う

成果を活かして
さらなる変革を実現する
- KPIを継続的にモニタリングし、対象範囲を広げる

新しい方法を
企業文化に定着させる

4　年上部下の活躍を促すポイントは「上司」の関わり方

[1] 残る「年功のマネジメント」と年齢逆転の発生

　日本的経営の特徴であった「年功管理」「終身雇用」のポリシーが最も色濃く影響し、適切な制度運用を困難にしている原因が管理職における「年功のマネジメント」である。

　年齢を重ねるとともに職位と処遇が上昇する、またその中で敬意を払い従うべき存在が年上というのが「年功のマネジメント」である。これは「上司＝年上」という構図でしか成立しない。裏を返せば、年功が成

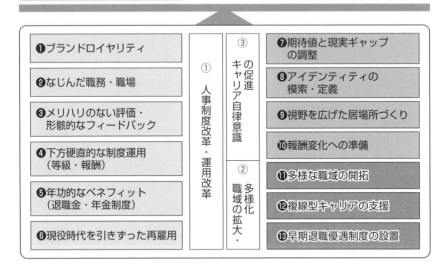

図表 1−10 高年齢化対策の考え方

| 現状維持・依存 | | 自律化・多様化 |

❶ブランドロイヤリティ

❷なじんだ職務・職場

❸メリハリのない評価・形骸的なフィードバック

❹下方硬直的な制度運用（等級・報酬）

❺年功的なベネフィット（退職金・年金制度）

❻現役時代を引きずった再雇用

① 人事制度改革・運用改革

③ キャリア自律意識の促進

② 職域の拡大・多様化

❼期待値と現実ギャップの調整

❽アイデンティティの模索・定義

❾視野を広げた居場所づくり

❿報酬変化への準備

⓫多様な職域の開拓

⓬複線型キャリアの支援

⓭早期退職優遇制度の設置

立しなくなると従前のマネジメントが機能しなくなることを意味する。

　データで見ると、「上司＝年上」の構図は大きく崩れている。企業の年齢構成が高年齢化するとともに、役職定年制度や再雇用制度を導入する企業が増加し、「年上部下」を持つ管理職（年下上司）が増加しているからだ。

　当所の調査では、40代前半から上司が年下となる割合が上昇し、50代前半では年下上司の割合が年上上司の割合を上回ることが明らかになっている [**図表 1−11**]。上司の年齢と部下の年齢が逆転するのは53.5歳だった。つまり、50〜60代の部下を持つ上司の大半は「年下上司」といえる。50〜60代で役職に就かない社員は急速に増加しており、年上部下を持つ管理職の割合は今後も上昇していくだろう。

　一方で、年功意識の中で過ごしてきた年上のミドル・シニア社員の部下を「扱いづらい」と感じる年下上司は多い。日本生産性本部が実施し

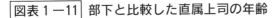

図表 1 −11 部下と比較した直属上司の年齢

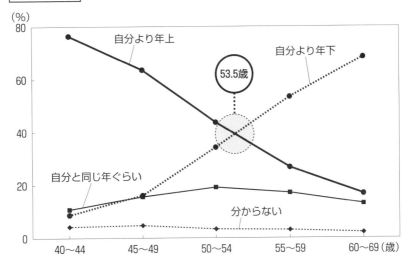

た2016年の「第15回 日本的雇用・人事の変容に関する調査」でも再雇用の課題・問題（複数回答）の第2位には、「かつての上司や先輩が継続雇用されるため、現役社員にしてみると再雇用社員が使いづらい」28.2％という意見が挙がっている（ちなみに、第1位は「本人のモチベーションの維持・向上が難しい」55.6％）。当所の調査においても、「敬意をもって接してくれる」以外のすべてのマネジメント行動で、年下上司は年上上司に比べて評価が劣後している［図表 1 −12］。年功意識の中で年下上司が年上部下のマネジメントに苦労している様子がうかがえる。

　管理職は、年齢に関わりなく部下のモチベーションや仕事ぶりに大きな影響を与える存在である。さらには、人事制度の運用を担っている重要な存在でもある。当所がこれまでに行った社員意識調査においては、「上司に対する信頼度」は、「仕事に対するやりがい」や「人事制度に対する納得感」と高い相関を見せている。また、人事制度を成果型に変えたものの運用が年功的になってしまっている原因は、上司の部下に対す

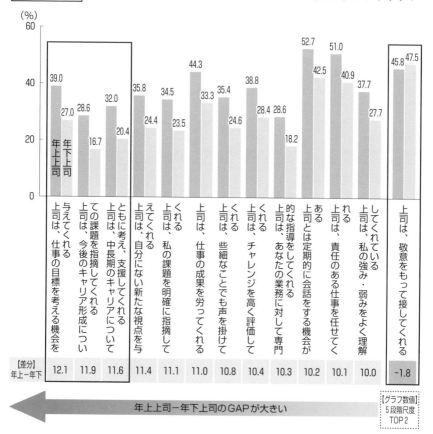

図表 1 −12　マネジメント行動における年上上司と年下上司とのギャップ

る目標設定の指導の甘さや評価の寛大化傾向、中心化傾向の常態化に端を発していることが多い。

　評価エラーが発生した状態を継続することは、処遇とパフォーマンスのミスマッチを引き起こす真因になる。本来、役割にふさわしい目標でなければ妥当な目標に修正するよう促すとともに、結果が期待を下回っていた場合には、状況の告知や改善のためのフィードバックを行い、時に降格の判断を行うのが上司の責務である。

　この役割を十分に果たさず、前年踏襲の目標設定、寛大化傾向、中心化傾向の評価を続けているということは、対象となる部下に「変わらなくてよい」「働きに不満はない」というメッセージを送り続けていることと同義である。この評価エラーと状態の放置がミドル・シニア社員においては高い確率で発生しているといえる。

　また、マネジメントにおいて最も重要な要素はコミュニケーションである。だが、役職定年や再雇用となった社員は会議に呼ばれない、メールの量が激減する、上司と会話することがなくなるといった、いわば"蚊帳の外"に置かれてしまうケースが多い。特に部下と年齢が逆転している年下上司の場合、年上部下に無難な役回りを与えただけで、後はコミュニケーションもまともに交わさず放置するといった状況になりがちである。これでは、年上部下のモチベーションもパフォーマンスも上がらない。望むべくは、責任のある仕事を与え、実行における課題を改善すべく上司として適切にマネジメントすることである。

［2］年上部下のマネジメントは信頼関係構築から

　一方で相互の信頼関係ができていない状況で、部下の課題を指摘するなどのマネジメント行動は、かえって反感を買うだけで逆効果である。そうかといって敬意をもって接するという聞こえのいい言葉に甘んじて、関わりを持たずに済ませようとするのはさらに良くない。まずは相互の信頼関係を築き、円滑なコミュニケーションができる素地を整えていく必要がある。

　信頼関係構築の第一歩は、共通認識を持つためのコミュニケーションである。目指すべきは部下の価値観や持ち味に基づく将来に向けた対話であるが、いきなり行うことは非常にハードルが高い。まずは、現在行っている業務を中心に、本人が課題として認識していることや懸念、要望などを聞くことから始めたい。その際は上司の積極的な傾聴のスタンスが求められる。積極的な傾聴とは、相手の存在や話に興味を持つことで

ある。そして、相手の弱みを評価したり、否定したりせず、強みに着目して肯定的なフィードバックを行うことである。

　否定をしないというのは、相手の存在を肯定しているメッセージとなる。存在の承認となる会話においては、上司は正解や手本を示す存在であるという概念は捨てたほうがよい。むしろ、弱みを含めた自己開示を行ったり手助けをしていくことが望ましい。この接し方は、弟が兄に対し力で命令して引っ張っていくことはできず、気配りや配慮で動かしていく状況と似ていることから、ほぼ日代表取締役社長の糸井重里氏は「弟型リーダーシップ」と称している。

　なお、経営学者のP. F. ドラッカーは「コミュニケーションで最も大切なことは、相手の言わない本音の部分を聞くことである」と述べている。相手に対する評価や否定の会話から、本音が決して出てくることはないだろう。

　互いに目で見え、共通認識を持つところから会話を始め、部下の過去の経験や業績などを踏まえ、持ち味や価値観を把握し敬意をもって接していく。「士は己を知る者の為に死す」（心ある男子は、自分の値打ちを理解してくれる人のためなら、命を捨てることさえ惜しまないという意味）という故事があるが、年齢の隔たりがあったとしても、部下から見て自分のことをよく理解している、理解しようとしている上司に信頼感を抱くのは時代を超えても共通であろう。

［3］年上部下の躍進行動に着目したマネジメント

　加えて、上司として意識したいのはミドル・シニア社員への「躍進行動の促進支援」である。当所では、40〜69歳のミドル・シニア社員を対象に調査を行い、仕事で成果を上げているミドル・シニア社員に共通する五つの行動特性を明らかにした。それが、**［図表 1 −13］**の五つの躍進行動（PEDAL）である（内容については後掲 **5** ［2］で詳述）。

　躍進行動の状態において、部下の自己認知と内省を深めていくプロセ

図表1−13 活躍しているミドル・シニア社員に共通する
五つの躍進行動

〈まずやってみる〉
P：Proactive
・まずやってみて、修正していけばいい
・新しい仕事や業務でも、まずやってみる
・新しいことを試すなら、失敗をしても構わないと思う

〈仕事を意味づける〉
E：Explorer
・自分の仕事が経営にどのような意味があるのか理解する
・会社全体の状況を踏まえて仕事を進めている
・業務の意義を、新しく捉え直すようにしている

〈年下とうまくやる〉
D：Diversity
・年下の上司でも、割り切って仕事を進める
・仕事を進める上で、相手の年齢にはこだわらない
・年下の人の指示を素直に受け入れることができる

〈自ら人と関わる〉
A：Associate
・他部門と積極的にコミュニケーションする
・なるべく多様な人々との関わりを増やすようにしている
・積極的に異なる意見や主張を周りから引き出す

〈学びを活かす〉
L：Learn
・経験したことを分析している
・応用が利くように仕事のコツを見つけている
・自分なりのノウハウに落とし込んでいる

スに上司が関与することができれば、給与の頭打ちや肩書の喪失といった外的なインセンティブが働かない状況に立たされるミドル・シニア社員であっても、働き方の意識や行動を転換し、躍進に向かうきっかけを提供することができる。

　具体的な取り組み方法として、五つの躍進行動をベースに、部下の自己評価、上司の評価を擦り合わせていくことが有効である。その上で、強みとなる躍進行動をさらに伸ばしていくことから始めていくのがよいだろう。ミドル・シニア社員を変えさせるには「自己効力感」が鍵となる。課題から始めてしまうと自己効力感を下げてしまう上に、上司と部下の関係性も壊れてしまう可能性が高まるからである。さらに、課題を指摘していく上では、年上部下に配慮と尊重の姿勢を示しつつ、「上司の立場として申し上げますが…」と「上司の立場」を明確に示すコミュニケーションをしていくほうが、年上部下の受け止めやすさも高まっていく。年功意識は、マネジメントされる年上部下に強く残っているものの、

立場を明確にすることが年上部下の受け止めやすさを促進することにつながるからである。

［4］年代別マネジメントのポイント

　また、同調査では上司に求められるマネジメント行動を年代別に明らかにしている。まず、全年代で共通して躍進を引き出す上司のマネジメント行動は、「仕事の仕方に対する尊重・裁量の付与」である。この「認めて・任せる」マネジメントは、中高年社員を部下に持つ上司が意識すべき最も重要な要素といえるだろう。

　次に、50代部下の躍進行動を促す上司のマネジメント行動は、「責任ある仕事の割り当て」「定期的な会話」「平等な関わり」「仕事の仕方に対する尊重・裁量の付与」である。責任のある仕事を与えて、やり方は本人に任せ、他のメンバーと同じように日々の定期的な会話の中で状況を確認するマネジメントが重要になる。特に、役職定年や再雇用者の場合は、権限をベースに本人を中心に成立していた会話がなくなってしまう。50代社員も意識して自ら人と関わることは大切であるが、上司からも積極的にコミュニケーションを働き掛けていくことが必要である。これを行わないと部下は疎外感を味わい、蚊帳の外に置かれていると感じることでモチベーションの低下につながってしまう。

　一方で、躍進行動を阻害するマネジメント行動としては、「好き嫌いによる評価」と「上司による社内調整」が挙げられる。特に興味深いのは「上司による社内調整」である。新卒生え抜きのキャリアを歩んできた50代の場合、社内人脈に根差した「社内調整」を強みとしているケースが少なくない。こうした"社内専門家"である部下を前にして、上司が良かれと思って社内調整に回ることは、「自分の強みを発揮する機会を奪われた」「強みが認められていない」という印象を与えてしまうおそれがある。時には部下にタスクを一任するなど、社内調整の仕方に工夫が必要になる。

5 ミドル・シニア社員のキャリア自律支援

［1］年功意識からのシフト

　ミドル・シニア社員には自分自身の意識改革も重要である。2015年の日経ビジネスオンライン「仕事と会社に対するアンケート」では、バブル期入社層は会社に裏切られたと感じる割合が他の世代より高く、その一方で会社に長くとどまり続け、社外に転身しようと考えている割合が低いという結果が出ている。また、裏切られた理由として昇進・昇格ができなかったという理由が上位に挙げられており、会社に対する強い期待、依存心とともに役職、報酬、権限といった外的キャリアに固執している傾向がうかがえる。これは年功序列の期待を持ったまま壁に突き当たっている状態だと捉えてもよい。

　大企業に入社した多くの社員は、会社人生を重ねていくと大きく二つの壁に突き当たる。それは40代前半に訪れる「昇進・昇格の分かれ道」と50代前半から定年・再雇用前後に訪れるとされる「役職離脱」という壁である。

　これらの壁が個人に及ぼす大きな変化は二つ挙げられる。前者は「出世の可能性が絶たれる、もしくは昇進・昇格の不透明さが増したこと」によるモチベーションダウンであり、後者は上司・部下の年齢や立場の逆転によるモチベーションダウンである。

　なぜこれら二つの壁がモチベーションの低下につながるのだろうか。ミドル・シニア社員において中長期の将来キャリアを具体的に考えている人の割合は１割程度であり、残りは漠然としか考えていない。

　こうした状態においては、将来のキャリアについて報酬や肩書といった外的キャリアを価値の拠り所として「いつかは報われる」「悪いようにはされない」という年功管理の淡い期待を持ったままとなる。この状況で実際に自分に降り掛かった現実が期待と異なると、期待値とのギャップがモチベーションの低下となって現れる［図表１−14］。

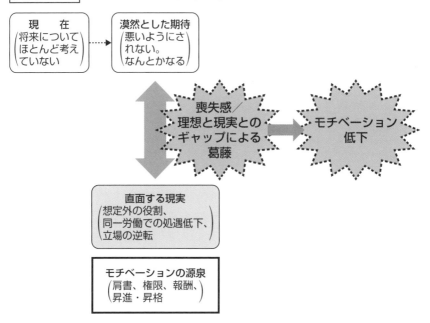

図表1-14 モチベーション低下の構造

現在
（将来について
ほとんど考え
ていない）

漠然とした期待
（悪いようにさ
れない。
なんとかなる）

喪失感／
理想と現実との
ギャップによる
葛藤

モチベーション
低下

直面する現実
（想定外の役割、
同一労働での処遇低下、
立場の逆転）

モチベーションの源泉
（肩書、権限、報酬、
昇進・昇格）

また、「上司・部下の年齢や立場の逆転」が壁となる原因としては、「従うべきものは年功者」という年功管理のマインドが大きい。このマインドは、学生時代から社会人生活に至るまで日本人の中に綿々と培われている。このパラダイムの中で、年下上司の下で働くことはプライドを大きく損なうことにつながる。

［2］"シフト"できたミドル・シニア社員の五つの特徴

では、この壁を乗り越えていったミドル・シニア社員は何が異なるのか？　それが、[図表1-13]で紹介した五つの躍進行動（PEDAL）である。五つの躍進行動とは、①まずやってみる、②仕事を意味づける、③年下とうまくやる、④自ら人と関わる、⑤学びを活かす——から成る。

（1）まずやってみる（Proactive）

　躍進している人は「失敗を恐れず、新しい仕事に積極的にチャレンジする」というアクションを実践している。しかし、ミドル・シニア社員は、長年の経験から物事を行った結果がどのようになるかを容易に想像できてしまう。つまり、これから起こり得るトラブルや苦労が想定できてしまうがために新しい仕事にチャレンジできなくなってしまう。また、「失敗することが恥ずかしい」という「意識のハードル」が自分の中にある人は、まずそれを乗り越えることから始めなければならない。

（2）仕事を意味づける（Explorer）

　躍進している人は、仕事の意味づけを「会社（出世）」軸ではなく「仕事（社会的意義・組織内での意義・専門性追求）」軸へ切り替えている。躍進するためには外的キャリアから内的キャリアへの意識転換が重要なのである。

（3）年下とうまくやる（Diversity）

　躍進している人は、仕事を進める上で年齢にこだわりがなく、仕事上、年齢は関係ないと割り切ることができている。一方で、年功意識が強く年下上司の指示やアドバイスを受け入れられなかったり、年齢にこだわって周囲に教えを乞うなどのことが行えず、仕事をうまく進められなかったりするミドル・シニア社員は少なくない。

（4）自ら人と関わる（Associate）

　年齢と経験を重ね、組織の中で上司あるいは先輩となり、受け身の姿勢で周囲からの接触を待っているミドル・シニア社員は少なくない。部下、後輩、年下の立場にしてみれば、気軽にコミュニケーションを取りにくいと感じている人も一定数存在している。この場合、お互いに距離感が生まれ、必要な情報伝達が不徹底になってしまう。この状態で役職定年や再雇用を迎えた場合、本人と周囲のコミュニケーション量はさらに希薄なものになってしまう。一方で、躍進している人は自ら能動的にコミュニケーションを取っている。対象も立場や年齢に関係なく、自ら

歩み寄り「仕事上の情報交換」を積極的に行うことを実践している。

（5）学びを活かす（Learn）

躍進している人は「経験してきたことを分析し、応用し、自分のノウハウとしてものにする」という行動を実践している。すなわち、経験したことを意識化・言語化し、その後の業務に明確な意図を持って活かしている。その上では過去の経験を棚卸しし、言語化することが経験学習サイクルを回していく上でも重要になってくる。

これらの五つの躍進行動（PEDAL）の必要性をミドル・シニア社員が実感し、モチベーション低下を抑制し活躍していくには、将来に起こり得る"不都合な現実"も含めた未来予想図を自分事として描いた上で、五つの躍進行動を高めていくことが必要である。中でも、働く上での動機の源泉を肩書、収入、権限といった外的なものから、自己に内在する価値観の充足、成長、他者への貢献といった内的なものに根差して再形成していく必要がある。これは、社内の年功管理のピラミッドにロックされていた自己をアンロックする行為といってよいだろう。加えて、自身の居場所を社内・社外に広く設けていくことがモチベーションの低下を抑制する十分条件となる［**図表1－15**］。

では、ミドル・シニア社員は働く上での自己の居場所をどこに定めているのか。50代後半に就労経験のある60代を対象に理想のキャリアを聞いた電通調査（「『シニア×働く』調査」2015年）においてトップに挙げられたのは、「今まで培ってきた専門能力や知識を活用して働く」となっている。だが、人数割合の多いミドル・シニア社員の全員を役職定年、再雇用後も社内で専門能力、知識を活かせる職域に配置し続けていくことは極めて難しい。

なぜならばミドル・シニア社員に従前の仕事をさせたままだと、若手社員の配置・異動に影響が出てしまうからだ。また、出向・転籍先も数が限られている。技術変化やIT化により間接部門の仕事は省人化が進ん

図表 1 −15　モチベーションの低下を抑制するための方策

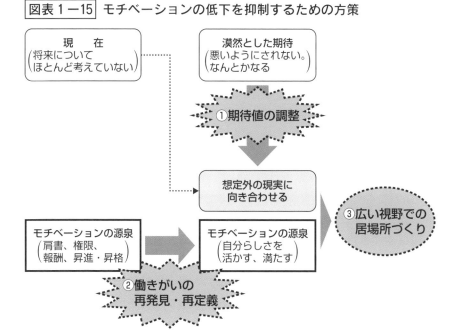

でいる。

　こうした中で自己の経験・知識を活かした働き方を実現していくためには、社内における上昇キャリアを前提とした将来を考えるのではなく、広く社外を見据えた「プロフェッショナル」としての働き方に転換していくことが必要である。この転換を行うことができない場合は、キャリアビジョンを見失い、学習やネットワーキング活動といった準備行動も年を重ねるごとに低下してしまう。当所が実施した「働く1万人の就業・成長定点調査 2018」では、社会人の47.5％が学びから離れており、その比率は世代が上がるごとに高くなることが明らかになっている[図表 1 −16]。

　筆者が大手サービス業に対して実施した「キャリア自律サーベイ」においても、年代の上昇とともに「キャリアビジョンを具体的に持つ」と

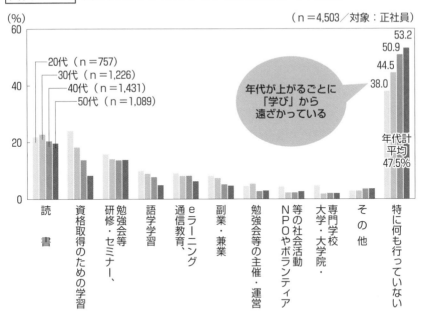

図表1−16 自主的な学びを行っている人の割合（年代別）

(%)　　　　　　　　　　　　　　　　　（n＝4,503／対象：正社員）

20代（n＝757）
30代（n＝1,226）
40代（n＝1,431）
50代（n＝1,089）

年代が上がるごとに「学び」から遠ざかっている

年代計
平均
47.5%

53.2
50.9
44.5
38.0

読書
資格取得のための学習
研修・セミナー、勉強会等
語学学習
eラーニング通信教育、
副業・兼業
勉強会等の主催・運営
等の社会活動NPOやボランティア
大学・大学院・専門学校
その他
特に何も行っていない

資料出所：パーソル総合研究所「働く1万人の就業・成長定点調査 2018」

する社員の割合が低下するとともに、「学習、人脈形成といった準備行動」を行う社員割合が低下している傾向が明らかになっている。ミドル・シニア社員は壁を迎える時期において、「職務プロフェッショナル」としてアイデンティティを再構築していく必要がある。

［3］ 年功の社内プロから職務プロへの転換

「プロフェッショナル」というのは、その道を極めていくことに忠誠を誓った人という意味を持っている。いわば、会社から与えられたキャリアではなく、自分が極めようと考えている「職務」に忠誠を尽くし、フィールドを社内に限定せず、多様な経験を積みスキルを磨いていこうとする意識への転換である。

　社外にも通用するプロフェッショナルとしてのスキルを磨くとなると、とかく資格取得や学校に通うことに目が向きがちである。だが、採用する企業側の視点に立ってみれば、重要なのは資格を持っているかどうかではない。専門知識や技術を持つだけではなく、新たな環境においても力を発揮できるかどうかである。

　このスキルは「ポータブルスキル」と呼ばれるもので、「仕事の仕方」「人との関わり方」に大別して定義され、職種、業種にかかわらず問題を解決し結果を出すための基礎的スキルと呼ばれるものである。このスキルを向上させていく上では、まず自身のキャリアの棚卸しをして、過去の仕事においてポータブルスキルを発揮した局面を言語化し、他者に説明できるようにしていくことが第一歩となる。例えば、利害が一致しない相手と共同して物事を進めていく際には、どのようなことを意識しているのか。新たなサービスや事業を立ち上げる際には、どのような視点から着想を得るのか。経営者にコンセンサスを得ていくためには、どのような観点を訴求するのかなどである。なぜならポータブルスキルは、置かれた状況の中で、意識して行動できる能力といえるからである。

［4］これからの時代に求められる仕事意識

　60歳就労が前提だった時代から65歳、70歳と就労期間が長くなり、社会環境もVUCA（ブーカ）（編注：Volatility…不安定性、Uncertainty…不確実性、Complexity…複雑性、Ambiguity…曖昧性の四つのキーワードの頭文字から取った言葉）と呼ばれるように不安定、不確実、複雑、不明確さを増している。こうした中では、会社のみならず、過去の経験、知識、職種に過度に執着することは非常にリスクが高い。

　スピードの速い変化の中では、培った知識やスキルも陳腐化していく上に、会社の中で自分が手掛ける仕事がなくなってしまうこともある。こうした中では、世の中の変化、会社の変化に目を向け、自分自身にどのような影響を与えるかについて、常日頃からアンテナを張ってもらう

ことが必要である。加えて、目の前の仕事にすべての時間を投じて埋没するだけではなく、副業・兼業などを通じて自己の可能性や選択肢を広げる機会を積極的に持たせることも必要となる。

冒頭に挙げた『LIFE SHIFT』においては、マルチステージの人生を生きるためには、これまで若者の特徴とされていた「若さ」と「柔軟性」、「遊び」と「即興」、「未知の活動に前向きな姿勢」を持つことが重要と述べている。

変化する環境を前提とし、そこに翻弄されるのではなく、変化を前提とした意識の下に行動していくことが、ことミドル・シニア社員には求められている。ただし、そこでは義務感や危機感による変化ではなく、自らに内在する問い——「自分にとって重要なものは何か？」「大切なものは何か？」「私はどういう人間なのか？」という立脚点に立ち、問いに対する答えを見つけるための冒険（エクスプローラー）という観点で仕事や生き方を考えてもらうことが必要であろう。

［5］ 活躍の領域とセカンドキャリアのマーケティング

今後ミドル・シニア社員には、培った経験、スキルを活かせず、経験したことのない職域に異動を余儀なくされるケースが出てくる。

［図表1−17］のように職域を組織的、職務的の軸で、スキルを専門的、一般的の軸で分けると、社内の職域をB領域として「B1 経営・企画職系」「B2 事務職系」「B3 生産・技術職系」を担っているのは、おおよそ正社員の位置づけということになる。この職域は事業の拡大がない限りは広がらないことを前提とする中で、「B1 経営・企画職系」の役割に就く社員は、これまではグループ会社であるC領域「C 国内・グループ会社・関係会社」への出向などで対応するケースが多かった。だが、ミドル・シニア社員においては出向先なども十分に確保できないため、役職定年、再雇用後では社内においては「B2 事務職系」「B3 生産・技術職系」に配置することを余儀なくされる。「B′ 潜在業務」として特命

図表 1 － 17　職域の考え方

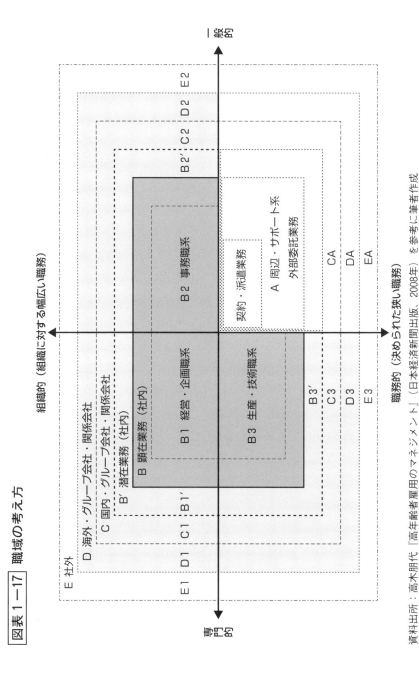

資料出所：高木朋代『高年齢者雇用のマネジメント』（日本経済新聞出版、2008年）を参考に筆者作成

ミッションや後進育成を担える人間は一部だけである。「B3 生産・技術職系」は技能蓄積にも時間がかかるため、貴重な戦力として継続が可能となる場合が多い。一方で、「B2 事務職系」は、経験年数を積んでも専門性、生産性は一定のところで頭打ちとなるため、現職継続で残していくと、ミスマッチが生じるとともに採用、配置異動にも支障を来す可能性がある。このため、「B1 経営・企画職系」から「B2 事務職系」への配置は問題も多く、ホワイトカラー社員においては本人の経験・スキルを活かした配置異動が行えないケースが多く出てくる。

　社員が既存の職域から異なる職域に異動した場合、新たな役割に対する当事者意識が失われてしまうケースが少なくない。実際に、役職定年後や再雇用後は、「自分に何が求められているか不明確になった」「会社に対する信頼感が減少した」「従来よりも組織の期待を意識しないようになった」といった主体性に欠ける意識で仕事に臨んでいる状況がうかがえる。

　こうした当事者意識の欠落を招かないようにしていくためには、マーケティングのAIDMAの法則（編注：Attention…注目、Interest…関心、Demand…欲求、Memory…記憶、Action…購買という顧客の心理の流れを把握することで、より効果的な広告を打つ時の原理）と同様に、意識・行動変容のステップとステージの性質に沿ったキャリアにおけるマーケティングの仕掛けを作っていくことが必要である。

　人が新たに行動変容を起こしていくには、無関心期→関心期→準備期→行動期→決定期の五つのステージがあるが、大半の社員は無関心期ステージにいる。このステージは、役割について主体性を持った選択を行うことは全く考えられていない状況である。

　このステージを上げていくためには、受発信の双方向コミュニケーションのベースとなる上司との面談、一度に多くの対象者に訴求する研修、個別のカウンセリングといったマルチチャネルによって意識醸成を図っていくことが必要になる。この考え方に基づけば、キャリア研修を

1回程度行っただけでは、無関心期にいる社員は主体的な意思決定を行うまでには至らず、気づきを得て新たな選択をするのは準備期にいるごく一部の優秀社員だけというのが現実であることも分かるだろう[図表1-18]。

図表1-18 意識変容とアプローチのマルチチャネル化

	無関心期	関心期	準備期	行動期	決定期
意識・行動変容の段階	キャリアチェンジの可能性についての認識がなく、自分が変わる必要性を感じていない	自分に起き得る複数のキャリアシナリオを理解している	選択肢を具体化するための準備をするとともに、納得のいく選択について考え始めている	未経験の選択肢について具体的かつポジティブなイメージを持っている	自分の基準を基に選択肢の決定を行っている
対応の方向性	・会社の置かれた状況と基本姿勢を伝える（課題意識、制度運用方針） ・会社の変化とキャリアへの影響性について考える機会を提供する	・今後のキャリアの可能性について情報を与え、考える機会を提供する	・キャリアについての実例情報を提供する ・選択に当たっての障害を明らかにし、実現に向けた準備行動を後押しする	・実際に働いている人、実例を知る人との交流機会を提供する ・実際に体験する機会を与える	・多様なキャリア選択を支援する制度を提供する（社外キャリア）
実施施策	①上司との面談	②キャリア研修	③社内・社外カウンセラーによるキャリアカウンセリング		早期退職支援制度／外部出向制度／転身準備休暇／再雇用制度
キャリア自律意識	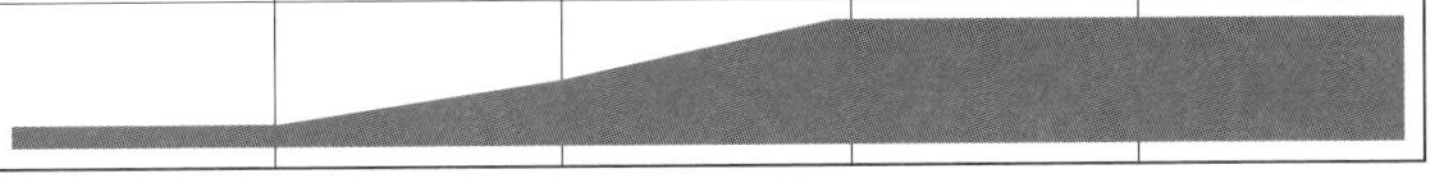				

6 年功から脱年功マネジメントへのパラダイムシフト

　組織が高年齢化し、65歳定年さらには70歳までの雇用を前提とする中では、総額人件費のコントロールの観点で見ても、役職定年等の資格等級、賃金ダウンの人事制度を導入することは不可避である。その上で今後の管理職は「年功パラダイム」にあるミドル・シニア社員を相手とし、役職、職域、賃金ダウンを前提としながらも、将来の活躍に向けた意識と行動を引き出していく「脱年功マネジメント」という非常に困難な役割を担うことになる。

　就労70歳、人生100年時代においては、日本型人材マネジメントが前提としてきた「年功のマネジメント」から「脱年功マネジメント」へのシフトが必至である。そして、シフトにおいては個人の感情が複雑に織り交ざる年齢逆転の状況を踏まえた「脱年功マネジメント」をいかに現場の管理職に適切に担ってもらえるのかが多くの企業において共通の人事課題であり、この新たな観点のマネジメント強化が企業には求められている。

第 2 章

調査結果から見えてきた
ミドル・シニア社員の課題

1 ミドル・シニア社員に対する課題

　今、多くの企業が、中高年層の不活性化を人事課題に掲げている。自社のミドル・シニア社員について、「元気がない」「以前の輝きを失ってしまった」「もう活躍できる職務がない」といった声がしばしば聞こえてくる。また、そうした不活性の実感の裏には、中高年層の高い賃金水準がある。第1章で紹介しているとおり、人事は40〜50代への過剰処遇感を強く抱えている。つまり、先ほどのような声も、正確には「賃金に見合うほどの」活躍が見られないことを意味する。

　中高年層の処遇が高くなるという課題は、職能的な人事管理と年功序列的な組織秩序を持つ日本の雇用システムがもたらす弊害として、以前から指摘されてきた。日本企業の典型的な正規社員は、中堅からベテランのころは賃金以上の成果を創出するが、その後、差のつかない昇格と年功的な昇給を経て、高齢になるほど成果よりも賃金が上回ることになる　[図表2－1]。こうした雇用構造は、加護野忠男らによる「ホステージ（人質）理論」やエドワード・P・ラジアーによる「後払い賃金（deferred wage）」などで学術的な表現も与えられてきた[1]。

　しかし、そうしたマクロ的な全体把握は、ミドル・シニア社員の平均的姿を描き出すにすぎない。現実には、一口にミドル・シニア社員といっても一枚岩ではない。課長・部長といった管理職となる層も、より上位のトップ・マネジメント層もまた、（多くは男性の）中高年を中心に構成されているものだ。

　つまり、ミドル・シニア社員の課題とは、活躍・成果における「格差」問題であり、処遇がその格差に対してマッチしていれば問題はない。だが、勤続年数に紐づいた年功的な賃金上昇がいまだに強く見られる日本企業では、その成果の格差に対して賃金が適切に配分されていない。[図表2－2] に示したとおり、以前よりだいぶ傾きは緩やかになったとはいえ、「平成30年賃金構造基本統計調査」で20代前半と50代後半を

図表2-1 賃金水準とパフォーマンスの関係

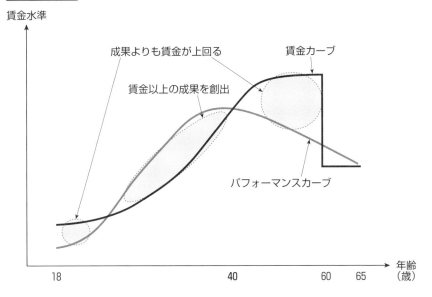

比べると、部長級であれば2.19倍、役職に就いていなくても1.65倍の所定内給与の格差がある。ほかにも年間賞与や特別給与の差もあるため、この数値以上に中高年層は若い層よりも高い給与を得ている。

　こうした中高年層の働きぶりの差の大きさ（とそれに対する処遇のアンバランス）を、日々の職場で感じているからだろうか、世間一般ではミドル・シニア社員の課題を「個人」の問題に帰する論調が目立つ。しかし、「やる気を失った」「過去の成功体験にすがっている」と指弾したり、「働かないおじさん」などと陰で揶揄したりしても、本質的な問題を放置することにしかならない。また逆に、これまで会社に貢献してきたミドル・シニア社員に対して、温情主義的な擁護論がもっぱら展開されることも多い。いずれにせよ、こうした直感と経験から発せられる感情的な議論によって、組織構造的な対処が遅れている面もあるだろう。人事や経営陣を含めて「触らぬ神に祟りなし」と問題を先送りにしている

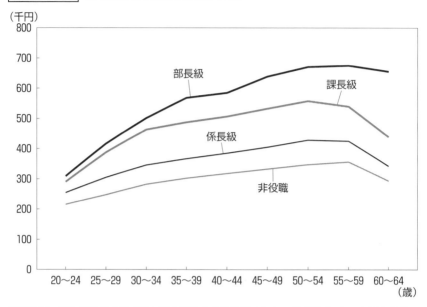

図表2−2　役職別に見た所定内給与額

（千円）

資料出所：厚生労働省「平成30年賃金構造基本統計調査」より筆者作成（100人以上企業、産業計）

場面もしばしば見られる。

　中高年層の不活性化問題に真摯に向かい合うためには、まずは客観的な測定が必要になる。パーソル総合研究所では、2016年より法政大学大学院 政策創造研究科の石山恒貴教授、そして製造業を中心とした大手企業数社とともに、数年にわたるプロジェクトで多数の定性ヒアリングと大規模な定量調査を実施してきた。定量調査は、調査会社のインターネット調査モニターを利用し、2017年5月に実施した［**図表2−3**］[2]。本章では、40〜69歳までの年齢幅で得られたその定量調査個票データを分析し、このミドル・シニア社員の不活性化問題の実態を多角的に明らかにし、その対応策を提示する。まずは、調査結果から得られたミドル・シニア社員の全体像を概観しよう。

図表2－3 「ミドル・シニアの躍進実態調査」調査要領

目　的	ミドル・シニア社員の働き方の意識と実態を明らかにし、ミドル・シニア躍進の在り方と、躍進へのヒントを探る
方　法	インターネット調査
サンプル数	合計4,732人 ●本調査：3,200人 （本調査）40～69歳の正社員（60代は定年後再雇用含む）－2,000人／50歳以上の役職定年経験者（ポストオフ経験者）－300人 ※[共通条件] 企業規模従業員300人以上 （補足調査）年下上司－300人／年上部下－300人／60代・定年後再雇用者－300人 ●予備調査：1,532人 国内製造業A社－470人／国内製造業B社－1,062人
日　程	本調査：2017年5月／補足調査：2017年11月
調査主体	株式会社パーソル総合研究所／法政大学 石山恒貴研究室

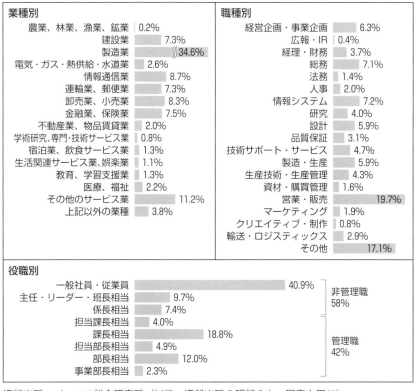

業種別

農業、林業、漁業、鉱業	0.2%
建設業	7.3%
製造業	34.6%
電気・ガス・熱供給・水道業	2.6%
情報通信業	8.7%
運輸業、郵便業	7.3%
卸売業、小売業	8.3%
金融業、保険業	7.5%
不動産業、物品賃貸業	2.0%
学術研究、専門・技術サービス業	0.8%
宿泊業、飲食サービス業	1.3%
生活関連サービス業、娯楽業	1.1%
教育、学習支援業	1.3%
医療、福祉	2.2%
その他のサービス業	11.2%
上記以外の業種	3.8%

職種別

経営企画・事業企画	6.3%
広報・IR	0.4%
経理・財務	3.7%
総務	7.1%
法務	1.4%
人事	2.0%
情報システム	7.2%
研究	4.0%
設計	5.9%
品質保証	3.1%
技術サポート・サービス	4.7%
製造・生産	5.9%
生産技術・生産管理	4.3%
資材・購買管理	1.6%
営業・販売	19.7%
マーケティング	1.9%
クリエイティブ・制作	0.8%
輸送・ロジスティックス	2.9%
その他	17.1%

役職別

一般社員・従業員	40.9%	非管理職 58%
主任・リーダー・班長相当	9.7%	
係長相当	7.4%	
担当課長相当	4.0%	管理職 42%
課長相当	18.8%	
担当部長相当	4.9%	
部長相当	12.0%	
事業部長相当	2.3%	

資料出所：パーソル総合研究所（以後、資料出所の明記のない図表も同じ）

2 ミドル・シニア社員の「五つのタイプ」の特徴と課題への対応

[1] ミドル・シニア社員の類型化

　まず課題の特定のために、40歳以上の正規社員について全体像を俯瞰する。ここでは、第1章で紹介した五つの「躍進行動」（①まずやってみる、②仕事を意味づける、③年下とうまくやる、④自ら人と関わる、⑤学びを活かす）を用いたクラスタ分析を実施して、ミドル・シニア社員の社内での就業行動を基に類型化した［図表2−4］。クラスタ分析とは、定量的な手続きを通じてサンプル対象者を分類する統計解析の一つだ。

　最も活躍しており、躍進行動の数値も極めて高い「躍進タイプ」が全体の19.1％。そして、その次に活躍している「バランスタイプ」が30.2％を占める。38.3％と最も多い「伸び悩みタイプ」は、躍進行動が平均以下のタイプである。躍進行動の数値が全体的に低い「事なかれ・安住タイプ」は、やや少なく8.7％、極端に躍進行動が低い「不活性タイプ」が3.7％とごく少数となっていた。それぞれの特徴を見ていこう。

| 図表2−4 | ミドル・シニア社員の五つのタイプ |

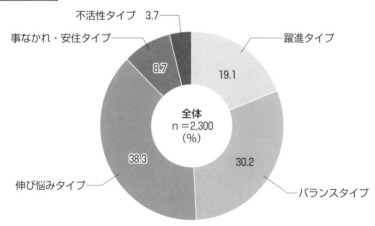

　「躍進タイプ」と「バランスタイプ」の二つのタイプで約半数を占める
が、この２タイプは、躍進行動以外にも満足度や役職などでも高い水準
を示しており、おおよそ企業の中で活躍している層と見てよいだろう。
逆に「伸び悩み」「事なかれ・安住」「不活性」の各タイプは、就業意識
の面においても、成果の面においても「躍進タイプ」「バランスタイプ」
と比べ、一段落ちる。

　「伸び悩みタイプ」は、後述するとおり、強い就業不満を抱えつつ日々
多忙に働きつつも、躍進行動が平均よりも劣る層であり、ミドル・シニ
ア社員の不活性問題の対策を考えるに当たって、一種の典型的な像を与
えてくれる。

　「事なかれ・安住タイプ」とは、やや仕事量が少なく、躍進行動の数値
も全体的に低い中で、「年下とうまくやる」行動の数値のみが平均より高
いタイプである。職場内の（特に年下の同僚との）コミュニケーション
はうまくやっているものの、成果を十分に上げているかというとそうで
もないタイプである。満足度はさほど低いわけでもなく、行動特性の特
徴を示すために「事なかれ・安住タイプ」と名付けている。

　「不活性タイプ」は、躍進行動も成果も極めて低い。今回の分析ではや
や外れ値に近い存在であり、数値の低さから見ても、特殊な層と見てよ
いだろう。

　では、それぞれのタイプのジョブ・パフォーマンスを見てみよう
[図表２−５]。ここでのジョブ・パフォーマンスは個人の成果に対する
自己報告型の数値[3]であるため、数値そのものにはほとんど意味がない
が、分布を確認するためには便利である。会社における個人の成果は、
「躍進タイプ」が4.24ポイントと、他のタイプを引き離して高かった。次
に「バランスタイプ」が3.57ポイント、そこからまた差が開いて「伸び
悩みタイプ」3.15ポイント、「事なかれ・安住タイプ」3.13ポイント、「不
活性タイプ」2.01ポイントと続く。

　また、五つのタイプ別に年代別の構成割合を見たのが [図表２−６]

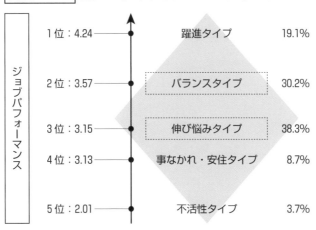

図表2-5 | 五つのタイプとジョブパフォーマンス

ジョブパフォーマンス

1位：4.24　躍進タイプ　19.1%

2位：3.57　バランスタイプ　30.2%

3位：3.15　伸び悩みタイプ　38.3%

4位：3.13　事なかれ・安住タイプ　8.7%

5位：2.01　不活性タイプ　3.7%

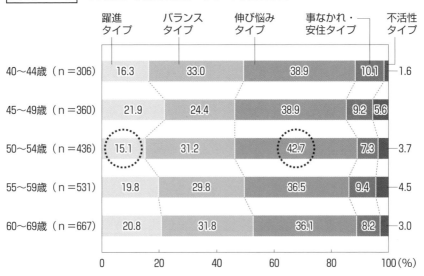

図表2-6 | 年代別に見た躍進タイプの構成割合

	躍進タイプ	バランスタイプ	伸び悩みタイプ	事なかれ・安住タイプ	不活性タイプ
40〜44歳（n＝306）	16.3	33.0	38.9	10.1	1.6
45〜49歳（n＝360）	21.9	24.4	38.9	9.2	5.6
50〜54歳（n＝436）	15.1	31.2	42.7	7.3	3.7
55〜59歳（n＝531）	19.8	29.8	36.5	9.4	4.5
60〜69歳（n＝667）	20.8	31.8	36.1	8.2	3.0

0　20　40　60　80　100（%）

である。特徴的なのは50〜54歳では「躍進タイプ」が15.1％と他の年代よりも少なくなっているのに対し、「伸び悩みタイプ」が42.7％と他のタイプよりも高い割合を示している。

　役職別の構成割合を［図表2−7／上図］に示した。全体的に、役職が上位になるほど、「躍進」「バランス」の2タイプが増え、それ以外のタイプの割合が減っていくのが分かる。部長相当の役職になると「躍進タイプ」が34.4％、「バランスタイプ」が30.4％と、この2タイプの合計で64.8％と半数を大きく超える。逆に「事なかれ・安住タイプ」「不活性タイプ」はそれぞれ1.8％、1.4％とほぼいなくなる。躍進行動の5因子は日々の就業行動を測定したものだが、より客観的な役職実態にも反映されている様子が分かる。一方、「伸び悩みタイプ」に当てはまる者は31.9％存在している。この「伸び悩みタイプ」が極端に少なくなるのは、事業部長相当という組織の中でもかなり上位の役職者である。この層では「躍進タイプ」だけで62.3％と6割を超えている。

　日本企業では、社員の高齢化とともに、出世のための滞留年数の長期化がしばしば問題になってきた。戦後、大卒社員が増加していったことで、社員の「出世できる／したい」という期待感に応える必要性もあり、管理職のポストを増やしてきた経緯がある。そこでは、マネジメントする部下が存在しない担当部長・担当課長といった専任職・専門職の管理職も出現したし、出向という形による別組織でのポスト確保も多く行われてきた。

　しかし、これは成果創出や組織運営上の必要性よりも、社員の動機づけのためという色合いが濃いものであった。部下あり管理職と部下なし管理職で躍進行動の差を比較したのが［図表2−7／下図］の右側のグラフである。やはり、部下あり管理職のほうが明確に「躍進」「バランス」の2タイプが多くなっている。ただし、部下がいなくても管理職としての処遇は与えられているので、企業としては活躍していない部下なし管理職に対しては過剰処遇感を抱いているのだろう。

図表2－7 役職、部下の有無別に見た躍進タイプの構成割合

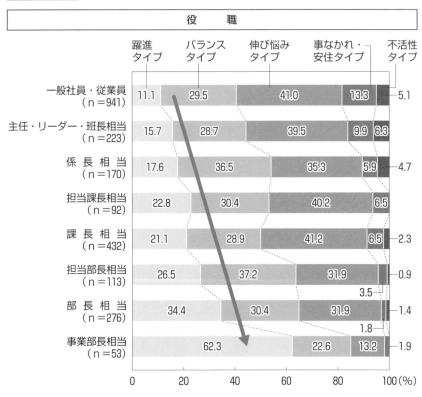

役　職

躍進タイプ／バランスタイプ／伸び悩みタイプ／事なかれ・安住タイプ／不活性タイプ

	躍進タイプ	バランスタイプ	伸び悩みタイプ	事なかれ・安住タイプ	不活性タイプ
一般社員・従業員（n＝941）	11.1	29.5	41.0	13.3	5.1
主任・リーダー・班長相当（n＝223）	15.7	28.7	39.5	9.9	6.3
係長相当（n＝170）	17.6	36.5	35.3	5.9	4.7
担当課長相当（n＝92）	22.8	30.4	40.2		6.5
課長相当（n＝432）	21.1	28.9	41.2	6.5	2.3
担当部長相当（n＝113）	26.5	37.2	31.9	3.5	0.9
部長相当（n＝276）	34.4	30.4	31.9	1.8	1.4
事業部長相当（n＝53）	62.3		22.6	13.2	1.9

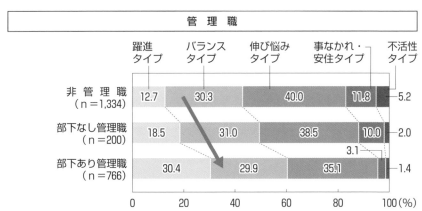

管　理　職

	躍進タイプ	バランスタイプ	伸び悩みタイプ	事なかれ・安住タイプ	不活性タイプ
非管理職（n＝1,334）	12.7	30.3	40.0	11.8	5.2
部下なし管理職（n＝200）	18.5	31.0	38.5	10.0	2.0
部下あり管理職（n＝766）	30.4	29.9	35.1	3.1	1.4

［2］五つのタイプの就業特徴

では次に、五つのタイプの就業特徴をより詳細に見てみよう。

（1）満足度

［図表2－8］は、「会社」「人間関係」「上司」に対して就業満足度を5段階で回答してもらい、そのうち「とても満足」「満足」の合計割合を図示したものである。ここでもタイプ別に大きなギャップが存在することが確認できる。「躍進タイプ」はどの対象においても極めて高い満足度を示しており、「バランスタイプ」も平均値を超えている。

| 図表2－8 | タイプ別に見た満足度の状況 |

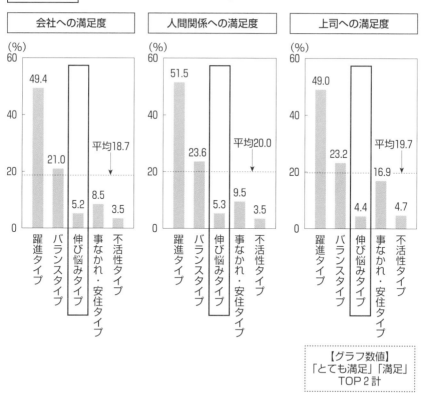

だが、その他の「伸び悩み」「事なかれ・安住」「不活性」の各タイプは、三つの対象のいずれも平均値を大きく下回っている。ここで特に問題視したいのは、最も多く存在する「伸び悩みタイプ」の満足度がいずれも極めて低い割合にとどまっていることだ。「伸び悩みタイプ」は、会社への満足度、人間関係への満足度、上司への満足度も「満足」回答がそれぞれ5.2％、5.3％、4.4％と極めて低く、全体の構成割合としてかなり少数の「不活性タイプ」と同等か、それ以下の数値となっている。

（2）就業意向

　それでは、継続就業意向（ずっとこの会社に勤めたい気持ち）はどうだろうか。転職意向（機会があれば転職したい気持ち）とともに、それぞれ5段階評価で聴取し、「あてはまる」「とてもあてはまる」の合計割合を［図表2−9］に示した。

　継続就業意向、転職意向ともに最も高い数値だったのは「躍進タイプ」である。社内で活躍しているタイプなので、転職市場においてもチャンスがあると考えるのは自然なことだろう。ここでも特徴的な結果を示したのは「伸び悩みタイプ」である。一般的に、就業不満が高い社員は、就業継続意向も低いことが多い。実際に「伸び悩みタイプ」の継続就業意向は29.7％と他のタイプと比べてもかなり低い。だが、「転職意向」についても、「伸び悩みタイプ」はすべてのタイプの中で最も低かった。つまり、これらのデータが示す「伸び悩みタイプ」の心理を直截に表現すれば、「不満が強く、働き続けたくもないが、かといって転職もしたくない／できない」ということになる。

　これは、人材管理におけるミドル・シニア社員特有の難しさを端的に示している。整理解雇の4要件（人員削減の必要性／解雇回避努力義務／解雇対象者選定の合理性／解雇手続きの妥当性）が存在し、個別に指名解雇がしづらい日本においては、企業の人材代謝を狙った出口戦略の施策として希望退職制度がしばしば用いられる。だが、ある年齢以上の社員に対して一律的に退職者を公募する希望退職制度においては、結

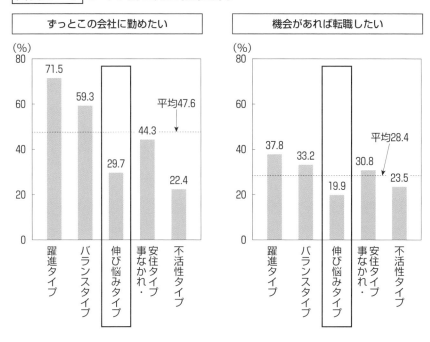

図表2-9　タイプ別に見た就業意向

果的に優秀な層ばかりが手を挙げ、生産性が低くパフォーマンスが芳しくない層は応募してこないということがしばしば起こる。そうした応募してこない層は「不満は強く、パフォーマンスも高くないが、かといって組織の外に出ようともしない」という特徴を持っている。ミドル・シニア社員の不活性化問題における人材マネジメントが、こうした出口戦略だけに依存できない理由がここにもある。

（3）職場・仕事に対する自己認識

　まずは、会社での「居場所感」である［図表2-10］。居場所感は「私は人から頼りにされている」「私は役に立っている」「自分の存在が認められている」などの項目で聴取されており、職場の同僚や周囲の人々から与えられる承認や、役割期待の認知などを経由して、職場に包摂され

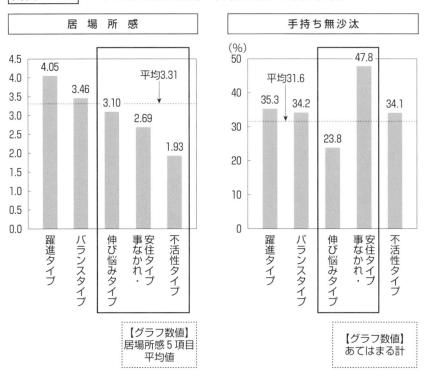

図表 2 −10 タイプ別に見た職場・仕事に対する自己認識

居場所感

4.5
4.0   4.05
3.5   3.46   平均3.31
3.0   3.10   ↓
2.5   2.69
2.0
1.5   1.93
1.0
0.5
0.0
躍進タイプ | バランスタイプ | 伸び悩みタイプ | 安住タイプ・事なかれ | 不活性タイプ

【グラフ数値】
居場所感5項目
平均値

手持ち無沙汰

(%)
50   47.8
40 平均31.6
    ↓
30 35.3 34.2   34.1
20   23.8
10
0
躍進タイプ | バランスタイプ | 伸び悩みタイプ | 安住タイプ・事なかれ | 不活性タイプ

【グラフ数値】
あてはまる計

ている感覚を示している。

　居場所感の平均値は、「躍進」「バランス」「伸び悩み」「事なかれ・安住」「不活性」の順に低くなり、最もパフォーマンスが低い「不活性タイプ」の居場所感（1.93）は、「躍進タイプ」（4.05）の半分以下の数値にとどまっている。この序列は、ジョブ・パフォーマンスの序列と相関するが、組織における人的な相互ネットワークが昇進スピードや勤続年数など個人のパフォーマンスにも影響することは、先行研究でも指摘されている[4]。

　また、「業務中に時間を持て余すことがある」という項目で、ミドル・

シニア社員の「手持ち無沙汰」感を聴取している。より客観的な数値として「労働時間」や「所定外労働時間」を把握することが考えられるが、企業状態や職場環境に大きく左右される勤務時間と異なり、「手持ち無沙汰」感は個人における主観的な時間の余裕、能力発揮の不全感を表すものとして参考になるだろう。その手持ち無沙汰感について、「あてはまる」「とてもあてはまる」の合計数値を見ると、「躍進」「バランス」の2タイプは平均を少し上回る程度、「事なかれ・安住タイプ」については47.8％が「あてはまる」と、極めて高い数値を示した。このタイプは、パフォーマンスの低さと合わせて鑑みても、職場におけるいわゆる「閑職」に近いポジションか、ほとんど積極的に仕事をしようとしていない、ぬるま湯に安住してしまっているような就業イメージが想像できる。また、ここでは「伸び悩みタイプ」の数値の低さも特徴的で、23.8％と五つのタイプの中で最も低いことから、忙しく働いている様子がうかがえる。

（4）昇進・昇格に対する見通し

　そのほかで確認したいのが、「昇進・昇格に対する見通し」である［**図表2-11**］。組織内で今後も昇進・昇格をしていけると思う主観的な見込みを聴取したところ、「伸び悩みタイプ」は「バランスタイプ」よりも高かった。躍進行動全体として劣る「伸び悩みタイプ」がこの項目だけは相対的に高かったのである。つまり、「伸び悩みタイプ」の心理には、まだ組織内で昇進・昇格できるという期待があり、こうした層で躍進行動が低水準にとどまっているというのは極めて興味深い発見である[5]。

　最後に、タイプと職種との関係にもやや偏りが見られたので少しだけ触れておこう。「躍進タイプ」は「経営企画・事業企画」など企画業務に従事している職種が比較的多かった。「バランスタイプ」は営業・マーケティング・クリエイティブ系職種がやや多い特徴が見られた。また、研修の受講経験は「躍進タイプ」が多く、「不活性タイプ」は少ない。「バランスタイプ」には社外コミュニティーへの参加が多いという特徴も見られた［**図表2-12**］。

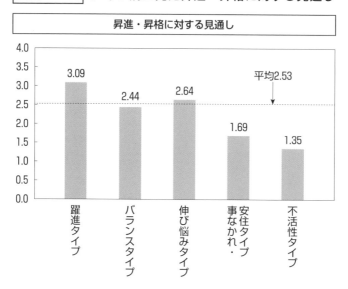

図表２−11 タイプ別に見た昇進・昇格に対する見通し

昇進・昇格に対する見通し

以上、ミドル・シニア社員の五つの類型化を試みた。むろん、各個人においてこの類型がそのまま当てはまるわけではないが、おおよそ平均的なミドル・シニア社員の類型とその分布を見ることができた。では、この中で、ミドル・シニア社員の不活性化問題について、最も着目すべきタイプはどこだろうか。

データを素直に読み解くと、五つのタイプの中でも特徴的だった「伸び悩みタイプ」がターゲットとして浮かび上がる。全体の４割近くの多数派を構成する「伸び悩みタイプ」は、非管理職が多く、組織内出世を諦めておらず、極めて満足度が低い。社内の不満分子でありつつも、会社の業務を日々忙しく回している姿が想起される。それにもかかわらず、相対的なパフォーマンスは落ちてしまっている。この後は、この分厚い「伸び悩み」層を暫定的なターゲットに据えて、ミドル・シニア社員の不活性化問題に対処するヒントを探っていくことにする。

図表2-12　各タイプの属性や特徴

	躍進タイプ	バランスタイプ	伸び悩みタイプ	事なかれ・安住タイプ	不活性タイプ
割合	19.1%	30.2%	38.3%	8.7%	3.7%
どの属性に多いか	■役職に比例し、役職が上がるほど割合が高くなる。特に「部下あり管理職」に多い ■職種では「経営企画・事業企画」に多い	■営業・マーケティング・クリエイティブ職の人に多い傾向 ■40代前半にやや多い	■非管理職層で多い ■40代後半でやや多くなる	■一般社員・従業員／主任・リーダークラスでこのタイプが多い ■非管理職とともに、「部下なし管理職」にもやや多い	■非管理職層で多い ■40代後半でやや多くなる
特徴	• 躍進行動全体が平均を大幅に上回る • 過去に成長を促す経験をしている • 7割が過去10年以内に何らかの研修を受けている • 会社・職場・仕事に対する満足度が高い	• 躍進行動全体が平均よりやや高め • 今後、会社で専門性・やりがいを得る見通しをもっている • 85%が社外コミュニティー参加経験あり	• 躍進行動全体が平均より低め • 昇進・昇格期待あり • 会社に対する満足度が低いが、転職意向・独立意向もない • 社外コミュニティー参加経験が乏しい	• 躍進行動全体が低めだが、「年下とうまくやる」行動は平均を上回る • 約半数が業務中「時間を持て余し」気味	• 躍進行動全体が極端に低い • 社外での越境的学習をしておらず、成長を促す経験が乏しい • 8割が過去10年以内に研修を受けていない

3　鍵を握る五つの躍進行動「PEDAL」

[1] PEDALの内容

　ミドル・シニア社員の不活性化の課題解決に向けて重要な鍵を握るのは、[図表2-13]で示す五つの躍進行動である。一体どんな点がミドル・シニア社員が活躍するために大事なポイントになるのか、感覚的な議論をしても実りは薄い。[図表2-7]で見たとおり、たとえ役職が高くても誰しもが超人的な活躍をしているわけでもないし、その必要もない。

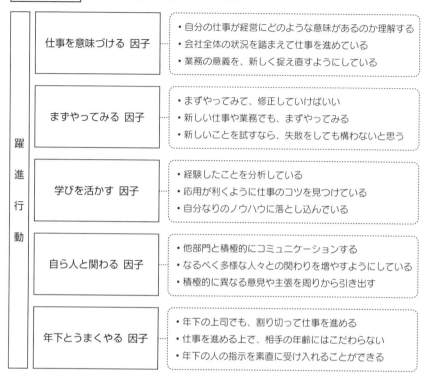

図表2−13 五つの躍進行動とその内容

躍進行動

仕事を意味づける 因子
・自分の仕事が経営にどのような意味があるのか理解する
・会社全体の状況を踏まえて仕事を進めている
・業務の意義を、新しく捉え直すようにしている

まずやってみる 因子
・まずやってみて、修正していけばいい
・新しい仕事や業務でも、まずやってみる
・新しいことを試すなら、失敗をしても構わないと思う

学びを活かす 因子
・経験したことを分析している
・応用が利くように仕事のコツを見つけている
・自分なりのノウハウに落とし込んでいる

自ら人と関わる 因子
・他部門と積極的にコミュニケーションする
・なるべく多様な人々との関わりを増やすようにしている
・積極的に異なる意見や主張を周りから引き出す

年下とうまくやる 因子
・年下の上司でも、割り切って仕事を進める
・仕事を進める上で、相手の年齢にはこだわらない
・年下の人の指示を素直に受け入れることができる

　我々の研究会では、中高年層への定性ヒアリング、人事担当者と人的資源管理の専門研究者らによる議論・仮説出しを経て項目を精査し、定量調査の個票データから探索的な因子分析を実施することによって、中高年層の活躍の鍵を握る躍進行動の五つの因子を抽出した。

　その五つが、第1章でも触れた「仕事を意味づける」「まずやってみる」「学びを活かす」「自ら人と関わる」「年下とうまくやる」の五つである[**図表2−13**]。企業実務への示唆を考慮して、できるだけ平易な因子名にしているが、五つの因子名に関連づける英語の頭文字をとって「PEDAL」モデルと呼んでいる。それぞれの内容を紹介していこう。

```
・まずやってみる　　＝ Proactive
・仕事を意味づける＝ Explorer
・年下とうまくやる＝ Diversity
・自ら人と関わる　　＝ Associate
・学びを活かす　　　＝ Learn
```

　まず、これらの因子は、年齢や性別・転職回数や個人の性格特性（Big 5、ビッグファイブ：開放性、誠実性、外交性、協調性、神経症的傾向［情緒安定性］）などをコントロールしてもなお、ジョブ・パフォーマンスに有意な影響を与えていることが重回帰分析によって確かめられた［図表2－14］。類型化の試みにおいて示されたように、躍進行動が高いタイプは、企業内の役職の高さとも正の相関を示しており、これらの躍進行動は企業内の客観的な成果・評価に紐づいているといえよう。

　では、それぞれの内容について、「仕事を意味づける」因子から見ていきたい。

（1）仕事を意味づける

　「仕事を意味づける」因子は、自身の業務を俯瞰的な文脈に置き直し、自分なりの意味を与えていこうとする姿勢・態度を表す。

　具体的な聴取項目は、「自分の仕事が経営にどのような意味があるのか理解する」「会社全体の状況を踏まえて仕事を進めている」「業務の意義を、新しく捉え直すようにしている」といった項目で構成されている。目の前の仕事を作業としてこなしていくのではなく、自社・組織・社会といったより大きな地平に自分の仕事を位置づけることによって、仕事の意義や意味合いを獲得していっていることを示す因子である。

　この「意味づけ」因子は、「ジョブ・クラフティング（Job Crafting）」という概念と並列的に語ることもできよう。ジョブ・クラフティングとは、簡単に言えば、働く本人の志向に合わせて、職務を主体的に作り出す（craft）ことを促し、仕事への向き合い方を変容させるという概念で

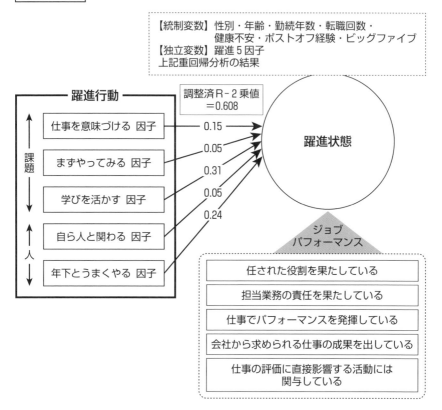

図表 2 － 14 躍進行動とパフォーマンスとの関係

【統制変数】性別・年齢・勤続年数・転職回数・
　　　　　　健康不安・ポストオフ経験・ビッグファイブ
【独立変数】躍進5因子
上記重回帰分析の結果

躍進行動

課題
　仕事を意味づける 因子 ────0.15────→
　まずやってみる 因子 ──0.05──→
　学びを活かす 因子 ──0.31──→
人
　自ら人と関わる 因子 ──0.05──→
　年下とうまくやる 因子 ──0.24──→

調整済R-2乗値
＝0.608

躍進状態

ジョブ
パフォーマンス

任された役割を果たしている
担当業務の責任を果たしている
仕事でパフォーマンスを発揮している
会社から求められる仕事の成果を出している
仕事の評価に直接影響する活動には
関与している

ある。社員が従事する職務とは単なる作業の総和ではなく、そこにさまざまな意味が付与されることで、より広く・深くなっていく側面を強調した概念であり、個人のモチベーションやパフォーマンスへのプラスの効果があることが分かっている[6]。

　仕事内容が明確に切り分けられていない日本の労働市場においては、特にこうした能動的な仕事への掘り下げが重要になる。むしろ、日本の能力主義管理が1970年代から80年代にかけて国際的にも称賛されたのは、成果だけでなく、情意や意欲・能力といったことを加味する総合的な評

価・格付け体系が、社員に与えられた役割以上の仕事へのコミットメントを引き出す仕組みだったからである。

　問題は、その「一歩踏み込む」といった躍進へのモチベーションをどこから調達するかということにある。この因子が示しているのは、ミドル・シニア社員において、そのモチベーションを喚起するような意味づけを、ミドル・シニア社員が自分の内部に持てているかどうかだ。

　躍進している社員は、仕事の意味づけを「昇進・昇格」といった会社から与えられる処遇ではなく、「仕事（社会的意義・組織内での意義・専門性追求）」「自分（成長、貢献）」軸へ切り替えることで、仕事に対して自ら動機づけの源泉を獲得できている。この論点は極めて重要なので、次章において詳しく述べていきたい。

（2）まずやってみる

　「まずやってみる」因子は、失敗を恐れず、新しい挑戦や試行的な業務に積極的に取り組もうとする姿勢・態度を表す。

　具体的には、「まずやってみて、修正していけばよい」「新しい仕事や業務でも、まずやってみる」「新しいことを試すなら、失敗をしても構わないと思う」といった項目で構成される。

　新たな業務、挑戦的な業務に取り組もうとしない態度は、ミドル・シニア社員への課題感として非常に多く挙げられるものだ。会社の中高年層をマネジメントする上司層からもしばしば指摘されるところで、「いまさら新しい業務をさせることはできない」という人事管理側の諦めは、職務開発や人事異動・出向といった配置転換も難しくしている。実際、当事者においても、「新しいことを試すなら、失敗をしても構わないと思う」という質問に対するミドル・シニア社員の回答は全体の3分の1（33.7％）にとどまっている。

　躍進している社員は、「失敗を恐れず、新しい仕事に積極的にチャレンジする」という行動を実践している。一方で、ミドル・シニア社員の多くは、豊富な経験知を蓄積し、「無駄なこと」に手を出さない傾向があ

る。優秀な人ほど、長年の経験から物事を行った結果がどのようになるかを容易に想像できてしまうためだ。つまり、これから起こり得るトラブルや苦労が想定できてしまうがために、新しい仕事にチャレンジしなくなってしまう。「最初の一歩が出なくなる」という状況に多くの社員が陥ることになる。

（3）学びを活かす

　「学びを活かす」因子は、経験や学習内容をノウハウ化し、血肉化し、他の場面でも応用できるような形で把持できているかどうかを示す姿勢・態度を表す。

　具体的には、「経験したことを分析している」「応用が利くように仕事のコツを見つけている」「自分なりのノウハウに落とし込んでいる」といった項目で構成されている。

　中高年層ともなれば、ある程度の業務経験値は誰もが蓄積してきている。躍進している社員ほど、「経験してきたことを分析し、応用し、自分のノウハウとしてものにする」という行動を実践している。すなわち、経験したことを意識化・言語化し、その後の業務に明確な意図を持って活かしている。

　この因子内容は、デイヴィッド・コルブによる「経験学習」の理論を下敷きにしている[7]。コルブは、能力開発に関して、日々の経験を重視し、経験学習のプロセスを、①具体的な経験を積む（Concrete Experience）、②事態を観察して振り返る（Reflective Observation）、③ノウハウに落とし込む（Abstract Conceptualization）、④現場で実験する（Active Experimentation）とモデル化した **[図表 2 − 15]**。

　コルブのモデルは人材開発の領域において広く参照されるが、ミドル・シニア社員に対してより役に立つことが示唆される。ミドル・シニア社員は、①具体的な経験で言えば、これまでの積み重ねにより、若年よりも必然的に経験の蓄積は多くなる。複数の部署でさまざまな業務に携わり、新規事業に関わったり、転職をしたりといった経験がある者も多い。

図表2-15 経験学習の四つのプロセス

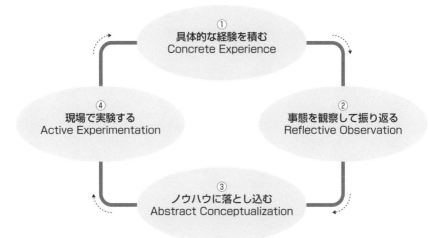

「経験した"あと"に何をするか」が肝心！

資料出所：パーソル総合研究所・石山恒貴『会社人生を後悔しない 40代からの仕事術』
　　　　　（ダイヤモンド社、2018年）

だからこそ、「学びを活かす」因子の内容は、経験や学びの多さではな
く、経験したことを「分析している」「コツを見つけている」「ノウハウ
に落とし込んでいる」といった行動になっている。コルブの四つのプロ
セスに照らせば、②事態を観察して振り返る、③ノウハウに落とし込む
ことに比重が置かれている。
　つまり、「学びを活かす」因子は、経験や知識の単純な「蓄積」ではな
い。経験を基に自分が学んだことを概念化（Abstract Conceptualization）
し、その時の具体的状況から切り離して、ほかの状況でも応用できるよ
うなノウハウに落とし込むプロセスが踏めるかどうかが、ミドル・シニ
ア社員の躍進の差を生み出していることを示している。

（4）自ら人と関わる
　「自ら人と関わる」因子は、固定的な人間関係に閉じこもらず、他の職

場や自分とは違う意見を持つ人々と積極的に関わっていく姿勢・態度を表す。

　具体的には、「他部門と積極的にコミュニケーションする」「なるべく多様な人々との関わりを増やすようにしている」「積極的に異なる意見や主張を周りから引き出す」などの項目で構成されている。

　ミドル・シニア期においては、自ら能動的に他者とコミュニケーションをとれるかどうかが、活躍を左右するということだ。活躍している中高年層は、立場や部署、年齢に関係なく、自ら歩み寄り「仕事上の情報交換」を積極的に行うことを実践している。

　また、この因子は人との積極的なコミュニケーションに関わっているものの、単純に「プライベートで仲良くする」ことは含まれていない。あくまで仕事を通じたコミュニケーションのみが躍進行動として因子化されている。仕事帰りの居酒屋での交流、いわゆる「飲みニケーション」が減ったことなど、プライベートでの交流が少なくなったことが現代の職場停滞の要因としてしばしば指摘されるが、ミドル・シニア社員自身の躍進行動に限っては、その影響は確認されなかった。

　年齢と経験を重ねていくと、組織の中で上司あるいは先輩となり、いつしか受け身の姿勢で周囲からの接触を待ってしまっているミドル・シニア社員は少なくない。昔は頻繁にあった同期やかつての同僚との付き合いも減っていく傾向にある。そうしたコミュニケーションの狭さが生む行動半径の矮小化は、多くの場面でミドル・シニア社員の躍進を妨げている。

（5）年下とうまくやる

　「年下とうまくやる」因子とは、読んで字のごとく、上司や同僚の「年齢」にこだわらず、スムーズにコミュニケーションし、業務を遂行できるかを示す姿勢・態度を表す。

　具体的には、「年下の上司でも、割り切って仕事を進める」「仕事を進める上で、相手の年齢にはこだわらない」「年下の人の指示を素直に受け

入れることができる」といった項目で構成されている。

「同期」カルチャーの強い日本企業は、必然的に「先輩」「後輩」意識も強い。わずか1年しか入社年次が変わらないにもかかわらず、同期・後輩は呼び捨て、先輩は「さん」づけで呼ぶ職場文化も広く見られる。躍進している社員は、仕事を進める上で年齢にこだわりがなく、仕事上において年齢は関係ないと割り切れているということだ。

先に掲げた五つのタイプの中の「事なかれ・安住タイプ」は、この「年下とうまくやる」行動のスコアだけが突出して高いのが特徴だった。このタイプは、職場では表立って活躍していないが、ちょっとした社内イベントの際には存在感を示すベテラン社員——そんなタイプを思い浮かべるとよいだろう。

［2］躍進行動は、なぜこの五つなのか

躍進行動因子、つまりミドル・シニア社員の活躍を左右するポイントが「なぜこの五つなのか」という点を考えてみたい。この五つ以外にもミドル・シニア社員の活躍という点で考えられる行動特性は存在するし、それらもまた調査以前の仮説には含まれていた[8]。このPEDAL因子の五つに収斂された理由を探るべく、躍進行動の背景を深掘りすることで理解を深めていきたい。

（1）「意味づけ」の阻害要因

仕事に対して与えられる「意味づけ」の種類は、極めて広い。例えば、社会や顧客に対する貢献など「社会」に対する意味づけ、職場仲間からの承認や人事評価、昇進・昇格など「組織」に関する意味づけ、自己成長や自己有能感、価値観への合致などの「自分」を軸にした意味づけなど、仕事には、さまざまな主観的な意味づけが考えられる。意味は、動機・やりがい・熱中といったポジティブな源泉である。

日本型のキャリアの積み上げ方の問題点は、こうした意味づけのリソースが限局されがちなことである。

昇進・昇格が社員に与える動機づけは、学術的には「トーナメント理論[9]」などで表現されてきた、この昇進による動機づけは、組織の中で相対的に優れている「勝者」が、一つずつ上のポストに上っていき、一つ上の階梯へと進むたびに高い給与と地位が与えられることで、モチベーションを引き出すことになる。評価・格付けの持つ基礎的な機能である。

　既に整理したように、日本的人材育成の基本方針は、昇進・昇格の機会を、広い範囲の社員に、長く与え続けることにある。トーナメントのメタファーに照らして言い換えれば、日本型雇用の正規社員が参加するトーナメント表は、長く、そして幅が広い（ポストが多い）ことが特徴だ。ブルーカラー、ホワイトカラーにかかわらず、正規社員であれば参加資格が広く与えられ、若いうちには勝者と敗者が分かれずに、時間をかけて勝者が決まってくる。また、動機づけのためにも「部下なし管理職」などのポストも用意されている。

　日本においては、「就職」ではなく「就社」と呼ばれるように、新入社員は実務的な経験を経ずに就職し、業務命令によるジョブ・ローテーションが多く、企業間の人材の流動性が低い。こうした雇用の在り方は、部署横断的な組織内人脈や知識、スキルをゼロから蓄積していく面では好ましいが、特定の職務への継続的な思い入れや深い専門性の蓄積を阻害する。その代わりに社員をモチベートするのが、先ほどの「長くて広い」組織内昇進のトーナメントである。

　モチベーションの理論においては、外発的動機づけ（extrinsic motivation）、内発的動機づけ（intrinsic motivation）で区別される。外発的動機づけとは、報酬・職位・組織内の承認といった外から与えられる動機づけを表す。内発的動機づけとは、自己の成長や仕事のうれしさ・楽しさ・有能感など、自分の主観的な価値判断を源泉にする動機だ。

　つまり、日本の雇用の特徴は、トーナメントから与えられる「外発的動機づけ」以外の「内発的動機づけ」のリソースが見つけにくい状態にあることだ。社会的意義の認知や仕事のやりがいといった主観的な動機

づけは、それが具体的な「職務」に紐づかないために、リソースとしては薄弱なものになる。特に企業規模が大きくなればなるほど、「ビジョン」や「理念」といった組織全体の存在意義が、末端の現場まで届かなくなる。若年者において、大手企業からスタートアップ企業へ転職していく層は一定数見られるが、そうした層はやはり仕事の「意味」「意義」を求めて転職していくパターンが多い。

　新入社員や若手であれば、上司や先輩が、仕事の意味や社会への意義を教えてくれるかもしれない。しかし、ミドル・シニア社員にもなるとそうはいかない。既に仕事の意味を教えてくれる人はおらず、最初から「意味」が見えているような仕事を任されることも多くはない。外から与えられる「承認」という動機づけは、実質的には社内の評価・登用に組み込まれる。そのため、自ら能動的に仕事の意味を「つくる」プロセスが必要になる。

（2）「まずやってみる」の阻害要因

　ミドル・シニア社員の多くが、仕事上の「最初の一歩」が踏み出しにくくなっているということは、多くの人事担当者の実感にも沿うものである。ただ、そのことを単純な加齢のせいにしたり、「チャレンジ精神の有無」といった個人的資質に紐づけたりする理解は、あまりにも短絡的だ。ここで再検討されるべきは、やはり日本企業の人事管理の特性、とりわけ人材育成の在り方だ。少し長くなるが重要な論点であるので詳述する。

　人材育成のための方法にはOJT（オン・ザ・ジョブ・トレーニング）、Off‒JT、自己啓発、ジョブ・ローテーションなどが存在するが、しばしば指摘されるように、日本企業の人材育成の中心は、職場でのOJTとジョブ・ローテーションにある。典型的な例としては、業務未経験で入社する新入社員が、一律の新人教育の後、職場で自分より長く働いている先輩や上司の下につき、実地のOJTによる薫陶を受ける。その後、数年ごとのジョブ・ローテーションを繰り返し、異動したどの職場においても

OJTを受けて成長していく。ブルーカラーのみならず、ホワイトカラーもこうしたOJTを中心に生産性を上げていくという日本企業の人材育成の骨子を示したのが、有名な小池和男による「知的熟練論」であった[10]。

　能力主義的な人事管理が広く行われる日本企業では、人事制度もそうしたOJTとジョブ・ローテーションによる人材育成に最適化された形になっている。緩やかな形式でしか職務に縛られておらず、「ヒト」に紐づいた職能資格制度を採用する日本の雇用慣行は、ジョブ・ローテーションと相性がよい。異動の場合でも、資格制度の基準が「ヒト」であり「能力」である限り、格付けや処遇を大きく変更しなくて済むからだ。

　また、現場においても、先輩や上司は、部下・後輩がどこまでの業務をこなせるか、どこまでがストレッチな業務かを観察しつつ、到達度に応じて、フレキシブルにさまざまな業務を与える／減じることができるのだ。具体的な職務ポストに人を当てはめていく職務型の人事管理をとることが多い欧米型の雇用慣習においては、こうしたフレキシブルなジョブ・アサインは困難である。

　だが、日本の雇用慣行に強固にビルトインされているOJTとジョブ・ローテーション中心の人材育成には、幾つかの原理的な落とし穴がある。新人や異動後の社員に待っているOJTは、その職場で先に経験を積んでいる先輩やメンター、上司などが実地でトレーニングすることから、原理的に「過去」志向の学習だ。OJTによる学習の主たる狙いは、これまで行ってきた業務が執行できるように新人に技能・スキルを付与すること、つまり、仕事を「過去と同じやり方で」「うまくできるようになる」ことを目指すことになる。成長期を終え、成熟産業の多い日本企業では、この教育によって安定的な業務執行が可能になる。簡単に言えば、「既にある業務をいかにうまく回せるように」教育することこそ、OJTの肝になる。

　こうしたOJTを中心とした日本的な人材育成にありがちな困難として、以下の点が指摘できる。

　一つ目は、勘がよく、覚えの早い人ほど活躍するが、その「仕事ができる」という状態のモデルケースもやはり「過去に活躍した人のケース」がベースにされがちなことだ。OJTによる熟練は、過去ベースの業務や組織にこそ適応的な者が順応するような構造になっている。二つ目は、OJTは「組織内での既存業務スキル」に偏っているがゆえに、「組織の外」で通用するスキルをなかなか獲得できない点だ。OJTで習得できるのは、組織特殊的スキルにどうしても偏る傾向にある。

　そして三つ目は、上記2点の特徴の帰結として、OJT中心の人材育成が、時代や技術・環境の変化に対応しにくい育成方法ということになる。過去の延長線上の技能・スキルは、非連続的な進化や発展にはついていけない。とりわけ今日のように流動性の高いビジネス環境においては、それまで習得した技能・ノウハウを環境変化に合わせて捨てること、つまり「学習棄却＝アン・ラーニング」が必要になるが、このことは、過去の知識や経験を踏まえて構築され、現在に最適化されたOJTの原理的な機能にない。

　これらの三つの困難により、OJTに依存した人材育成は、適応すればするほど、「過去」の成功が積み重なる。経験学習の議論の中では、過去の成功した手法に依存して、積極的に自らルーティンにはまり、その枠から抜け出せなくなることを「能動的惰性[11]」と呼ぶ。能動的惰性の状態にある人は、周囲の環境や状況が変化しているにもかかわらず、以前に学習した方法や過去の成功体験にこだわり、それをさらに強化して対処しようとする傾向にあることが指摘されている。

　そして、組織に適応しすぎたがゆえに、「組織の外で通じるスキルを蓄積できない」「挑戦できなくなる」「先の失敗が読めすぎる」「前例のないことにトライしなくなる」というキャリアにおける失敗を招きがちである。現状の組織に順応し活躍することを目指したことで、いわゆる組織への「過剰適応[12]」が起こるのだ。

　こうしたミドル・シニア社員の過剰適応による失敗は、ギリシャ神話

における「イカロスのパラドックス」の寓話が思い出される。大工職人ダイダロスの息子であるイカロスは、蝋で固めた翼で飛ぶことを覚える。だが、徐々に飛ぶことに自信を持ちすぎたイカロスは、父ダイダロスの助言も聞かず飛びすぎたことによって、太陽の熱で蝋が溶けて落下してしまうというものだ。

　活躍していないミドル・シニア個人が、「過去は輝いていたのに」としばしば嘆くことも多いが、それにもこうした過剰適応・能動的惰性の問題が背景にある。活躍していた「からこそ」、新しいことができなくなる、一歩踏み出せなくなることがある。「まずやってみる」因子の背景にはこうした問題が存在し、ミドル・シニア社員の「躍進」と「失敗」を左右している。

（3）「学びを活かす」の阻害要因

　学び、学習という観点については、興味深いデータがある。パーソル総合研究所が実施したアジア太平洋認定協力機構（APAC）14カ国の労働者を対象に実施した「APAC就業実態・成長意識調査」によれば、日本の労働者は、職場外の学習において、「特に何も行っていない」が46.3％と、APAC諸国と比べても極めて高い [**図表2−16**]。国際調査特有の比較の困難はあるものの、そもそもの国際的水準に照らして、日本の労働者は「学ばない社会人」であるようだ。このことの裏側にも、OJTという組織内の実地的育成が中心になることがあると考えられる。

　さらに、第1章でも見たとおり、高齢になればなるほど、社員は自主的に学ばなくなる。OJT中心の育成経験を持つ中高年層においては、社会人として一定のキャリアを形成すると、それ以上学ばなくなる [**図表2−17**]。研修についても「忙しいのに研修なんて受けている暇がない」「座学の研修などに意味がない」といった教育への偏った態度をしばしば目にする。

　また、この因子の重要な点は、「学ぶ」「経験する」ということ以上に、経験を血肉化し、ノウハウ化するという振り返りと抽象化のプロセスが

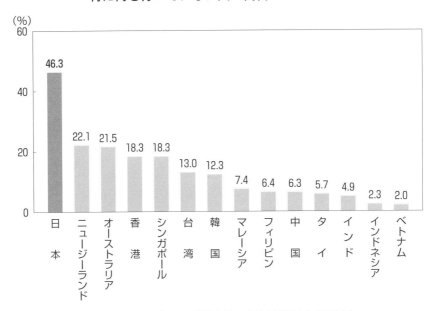

図表2－16　勤務先以外での学習・自己啓発活動を
　　　　　　特に何も行っていない人の割合

資料出所：パーソル総合研究所「APAC就業実態・成長意識調査」（2019年）

含まれている点であった。パーソル総合研究所では研修事業やセミナー
事業も展開しているが、そうした学習の場には自ら積極的に参加するも
のの、学んだことを「活かす」「自分で応用的に考える」ということが苦
手なミドル・シニア社員にしばしば遭遇する。そうした中高年層のこと
を、我々は学習することが自己目的化してしまっているという警句を込
めて「ラーニング・ロマンチスト」と呼んでいる。

　こうした学びの「量的な少なさ」と「質的な活用のできなさ」がとも
にミドル・シニア社員の学びを阻害している。

（4）「自ら人と関わる」の阻害要因

　「自ら人と関わる」因子は、積極的に他組織と関わったり、違う意見に
触れたりといったことをいとわない姿勢・態度を表すが、年を取れば取

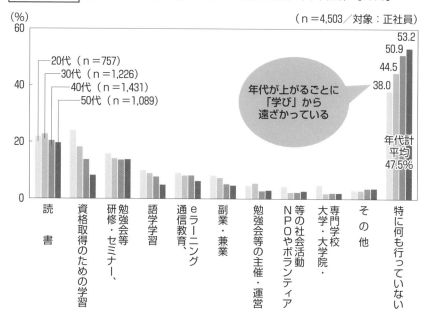

図表 2 −17 自主的な学びを行っている人の割合（年代別）【再掲】

(%)　　　　　　　　　　　　　　　　　　　　（n ＝4,503／対象：正社員）

60

20代（n ＝757）
30代（n ＝1,226）
40代（n ＝1,431）
50代（n ＝1,089）

年代が上がるごとに
「学び」から
遠ざかっている

53.2
50.9
44.5
38.0

年代計
平均
47.5%

40

20

0

読書

資格取得のための学習

研修・セミナー、勉強会等

語学学習

eラーニング通信教育、

副業・兼業

勉強会等の主催・運営

等の社会活動 NPOやボランティア

大学・大学院・専門学校

その他

特に何も行っていない

資料出所：パーソル総合研究所「働く１万人の就業・成長定点調査 2018」（［図表 2 −18］も
同じ）

るほど社内の交流関係は減っていき、組織内のコミュニケーション関係
は固定化しがちである。特に、役職が上がっていけば、社内の他部署の
社員と接する機会も出てくるが、そうではない社員は、自ら作り出さな
くてはならない。また、忙しく働いているほど、コミュニケーションは
直接的に関係のあるメンバーに偏っていく傾向にある。

　人間関係においては、より精神的な側面も影響する。パーソル総合研
究所が実施した「働く１万人の就業・成長定点調査　2018」で「女性」
「年齢」「外国人」といった属性と「一緒に働くこと」への心理的抵抗感
を聴取したところ、女性と比べて、男性は高齢になるほどこうしたダイ
バーシティへの抵抗感が如実に増している **［図表 2 −18］**。より厳密に分

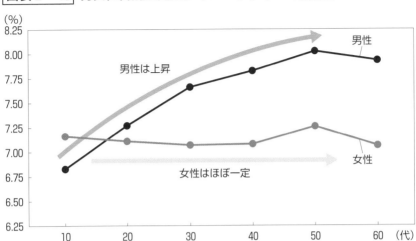

図表2－18　男女世代別に見たダイバーシティへの抵抗感

析すると、こうしたダイバーシティへの抵抗感を強く持つのは、「中高年層の男性」「企業内の中心的ポジションにいる」「経済的に余裕がある」などの特徴を持つ層であり、職場に多様性を求めないのは、一般的に「社会的な地位が高い」層であることが示唆された。

　つまり、本書が論じているメインターゲットであるミドル・シニア社員の男性には、自分と「考えの違う人」「多様性」への抵抗感が強まっている層が多く含まれるということだ。これは、「自ら人と関わる」因子を大きく阻害するだろう。なぜならば、この因子には「多様な意見を引き出す」といった他者との意見交換を積極的にしていくような行動が含まれているからである。

　職場には、自分はそうは思っていなくても、部下・後輩・年下側の立場から見れば「コミュニケーションをとりにくい」「壁がある」と感じられる人も一定数存在するものだ。そうした場合には、お互いの遠慮によって必要な情報伝達が不徹底になっているおそれがある。

［3］自然に失われていく躍進行動

　ここまでを総合すると、五つの躍進行動因子PEDALは、単に「行った
ほうがよい行動」ではない。中高年層が日々の仕事をしていると、自然
と躍進行動を阻害する要因が多くある。つまり、PEDAL 5因子は、中高
年層になると「自然にできなくなっていく行動」であり、能動的に手当
てする必要のある行動特性として見たほうが正しいだろう。

　そして、ミドル・シニア社員の停滞・不活性は、個人ではなく、雇用
と組織の仕組みから起因する問題であるということも同時に理解できる。
日本型雇用慣行はアベグレン[13]以来、一般的に「終身雇用」「年功序列」
「企業内組合」という三種の神器で語られてきたが、ミドル・シニア社員
の不活性化問題を語る上で重要なのは、こうした特徴ではない。本書の
文脈で整理し直せば、日本のミドル・シニア問題を国際的にも異質なも
のにしているのは、以下の3点の特徴だ。

①人材の市場流動性の低さ

②「ヒト基準」で運用される職能主義的な格付け・評価制度

③広く、長い「組織内昇進」の機会の付与

　①の流動性の低さは、主に低い転職率と解雇の障壁の高さによっても
たらされる。日本における解雇規制は、法令による直接的規定からでは
なく、昭和50年の日本食塩製造事件（最高裁二小　昭50. 4.25判決）や、
昭和54年の東洋酸素事件（東京高裁　昭54.10.29判決）などの判例法理に
よって徐々に形成され、法制化されてきた。つまり、日本は解雇規制が
あるから長期雇用なのではなく、長期雇用という現実に合わせて法が整
備されてきたと見るのが正しい[14]。

　②については、戦後の職務主義模索の時期を経つつも、1970年代の職
能資格制度の広がりに伴って、正規社員に対して広く適応されていった。
職務ポストに対して人を配置するのではなく、雇用した人を中心にその
適性と能力に応じて仕事を割り当て育成するというのが、ここで言う「ヒ
ト基準」の人事労務管理であり、OJT中心にフレキシブルな育成が可能

になっている背景にも、この格付け・評価制度がある。

　③の昇進の仕組みも特殊なものだ。経験の浅い、即戦力にならない若年者を低賃金で雇用し、正規社員である限り、職務による区別をつけずに昇進・昇格の機会を広く与える。そして、リーダー級、係長級くらいまではあまり差のつかない、遅い昇進であるという点でも特徴的だ。この昇進の仕組みが、平等主義的でもあるし、平等であるがゆえの協調的な風土を実現した。

　ここまで見てきた躍進行動の内容とその阻害要因を振り返れば、これらの特徴に強く紐づいていた。日本企業の典型的な正規社員は、組織で長く働くほどに、そして組織に適応すればするほどに、だんだん活躍する行動がとれなくなる下方圧力が発生する。そのことが、ミドル・シニア社員ならではの不活性化問題に直結し、人事機能的な「課題」とみなされる所以もまた、年功的な賃金カーブという雇用慣行がもたらしている。

　こうして、日本の雇用慣行が「不活性化」と「過剰処遇」という面でミドル・シニア社員の課題を再生産し続けている背景とその構造が浮き彫りになった。だが同時に、ミドル・シニア社員が一枚岩ではないことは類型化で見たとおりだ。個別的な要因でそれらを克服できる者とできない者がいる。高齢になっても躍進行動を維持できるかどうかが「個人」の素質や個別状況に左右されてしまっており、組織的な解決が展開されていないことに、今のミドル・シニア社員の「格差」の根本的な要因がある。PEDAL 5因子を紹介する際に、ミドル・シニア社員本人や人事・研修実施者の反応に耳を傾けても、こうした行動は「できる人はできるが、できない人はできない」という反応が多い。組織と雇用の問題から発生している不活性化の要因にもかかわらず、その対処が属人的で個別的なものになってしまっていることが、現在のミドル・シニア社員の不活性化問題を問題たらしめている。

【コラム　男女間の躍進行動の違い】

　ミドル・シニア社員の不活性化問題が議論されるとき、それは「男性」の問題であることがほとんどである。不活性化が問題になりやすい日本の重厚長大な企業において、特に男性の正規社員の構成比率が高いことも背景にある。本章で紹介した「ミドル・シニアの躍進実態調査」においても、回答者の構成割合は男性が91.2％、女性は8.8％となっており、本章全体の記述の前提には男性の特徴が色濃く反映されている。

　サンプルは限られるものの、男女の違いを見ることはできる。[図表2－19]に躍進行動の平均値をとって差を見てみると、「年下とうまくやる」因子の平均値だけが有意に男性よりも高くなっていた。とりわけ正規社員においては少数派になりがちな環境で働いてきた女性は、人の属性にこだわらないことや、育児や出産といったキャリアが途切れることの経験によって、入社年次から連続的な先輩・後輩意識が男性よりも弱くなるなどの理由が推察される。

　また、同じく中高年層を対象に21世紀職業財団が2019年に実施した「女性正

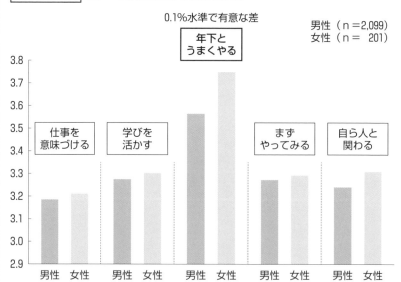

図表2－19　五つの躍進行動の男女比較

社員50代・60代におけるキャリアと働き方に関する調査」においても、興味深い男女差が報告されている［図表2－20］。仕事で重視したことについて、「確実に仕事をこなし、信頼を高める」「仕事の面白さ」「自分を成長させること」が男性は40～50代と高齢になるにつれて下がっていくのに対して、女性は逆に上がっている。本書の文脈に言い換えれば、男性は内発的動機づけが加齢とともに弱まるが、女性に関してはむしろ強まっていることが示唆される。

　女性のミドル・シニア社員のキャリアを考えるに当たって、結婚・出産・育児といったライフ・イベントの存在は無視できない。日本社会では、家庭内生活の維持において、中心的な役割を果たしてきたのは男性ではなく、女性である。先ほどの調査でも、子育てという大きなライフ・イベントが一段落した50代前半の女性が仕事・キャリアへの余裕ができたことを背景に、「思う存分」働いているという実感が70.1％にも上っている。女性のキャリアを線で捉えると、

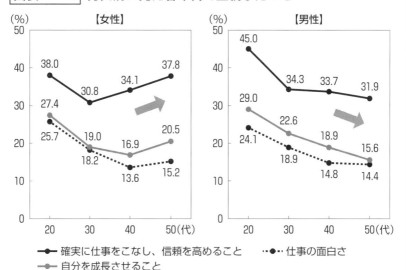

図表2－20　男女別に見た各年代で重視したこと

【女性】
- 確実に仕事をこなし、信頼を高めること：38.0（20代）、30.8（30代）、34.1（40代）、37.8（50代）
- 自分を成長させること：27.4（20代）、19.0（30代）、16.9（40代）、20.5（50代）
- 仕事の面白さ：25.7（20代）、18.2（30代）、13.6（40代）、15.2（50代）

【男性】
- 確実に仕事をこなし、信頼を高めること：45.0（20代）、34.3（30代）、33.7（40代）、31.9（50代）
- 自分を成長させること：29.0（20代）、22.6（30代）、18.9（40代）、15.6（50代）
- 仕事の面白さ：24.1（20代）、18.9（30代）、14.8（40代）、14.4（50代）

―●― 確実に仕事をこなし、信頼を高めること　　…●… 仕事の面白さ
―●― 自分を成長させること

資料出所：21世紀職業財団「女性正社員50代・60代におけるキャリアと働き方に関する調査」（2019年9月）

こうしたライフ・イベントに大きく左右されている。

　ただ、こうしたデータで示される年齢に紐づく差分が、果たして加齢による効果なのか、世代（コーホート）による効果なのかについては、慎重に検討されるべきだろう。ミドル・シニア社員が働いてきたこの30年は、世間でも女性活躍が叫ばれ、女性自身の就業意識も職場の環境も大きく変化していった時期でもある。今の50代女性社員には、1986年に男女雇用機会均等法が施行されたことによって「均等法第一世代」と呼ばれるような群が含まれており、加齢ではなく「いつ生まれたか」という世代が与える影響も、男性よりも強いことが予想される。正規社員として働いているミドル・シニアの女性が相対的に少ない上に、男性中心の職場の中で就業し続けているサンプルという意味で、男性よりも「選抜効果（selection effect）」が考慮されるべきである。

　そうした理由も相まって、まだ調査研究の蓄積が必要ではあるものの、女性のミドル・シニア社員の就業は間違いなく今後の日本の人事管理における重要な領域になっていくだろう。

1　加護野忠男, 小林孝雄. "資源拠出と退出障壁". 今井賢一, 小宮隆太郎編. 日本の企業. 東京大学出版会. 1989, p.73-92., Lazear, Edward P. "Why is there mandatory retirement?". Journal of Political Economy. 1979, vol.87, no.6, p.1261-1284., Lazear, Edward P. "Agency, earnings profiles, productivity, and hours restrictions". The American Economic Review. 1981, vol.71, no.4, p.606-620.

2　ミドル・シニア社員の不活性と処遇の課題感は、大企業においてより強いため、社員規模300人以上の企業に勤める社員を対象にしている。男性が91.2％を占め、女性は8.8％となっている。業種・職種は［図表2 - 3］に示したとおり。

3　本調査のジョブ・パフォーマンスは、「任された役割を果たしている」「担当業務の責任を果たしている」「仕事でパフォーマンスを発揮している」「会社から求められる仕事の成果を出している」「仕事の評価に直接影響する活動には関与

している」の5項目を「とてもあてはまる」から「まったくあてはまらない」の
5段階尺度で聴取した数値の平均値である。

4　安田雪. 人脈づくりの科学：「人と人との関係」に隠された力を探る. 日本経済新聞出版社. 2004.

5　この事実が、「伸び悩み」タイプの名称の由来の一つでもある。

6　Wrzesniewski, A., & Dutton, J. E. "Crafting a Job: Revisioning Employees as Active Crafters of Their Work". Academy of Management Review. 2001, vol.26, no.2, p.179-201.

7　Kolb, D. A. Experiential Learning: Experience as the Source of Learning and Development. Prentice-Hall .1984.

8　例えば、「技能伝承」「世代継承」といった一般的にはしばしばミドル・シニア社員に求められる行動が、分析上で有意な結果にはならず、棄却されている。次世代へとスキル・ノウハウを伝えることは組織運営にとって重要な機能であるが、個人の活躍といった観点では「引退モード」のシンボルなのかもしれない。

9　エドワード・P・ラジアー. 人事と組織の経済学. 樋口美雄, 清家篤訳, 日本経済新聞出版社. 1998.

10　小池和男. 日本の熟練：すぐれた人材形成システム. 有斐閣選書. 1981., 小池和男. 仕事の経済学. 東洋経済新報社. 1991.

11　ドナルド・N・サル, ドミニク・ホールダー. "コミットメントの自己管理術：理想と現実のギャップを埋める". ハーバード・ビジネス・レビュー. ダイヤモンド社. 2005, vol.30, no.7, p.28-41., 松尾睦. 職場が生きる 人が育つ「経験学習」入門. ダイヤモンド社. 2011.

12 Chao, G. T. "The socialization process: Building newcomer commitment". Career Growth and Human Resource Strategies. Quorum. 1988, p.31-47.

13 ジェームス・C・アベグレン. 日本の経営 新訳版. 山岡洋一訳, 日本経済新聞出版社. 2004.

14 水町勇一郎. 労働法入門. 岩波書店. 2011., 濱口桂一郎. 日本の雇用と労働法. 日本経済新聞出版社. 2011.など

第3章

ミドル・シニア社員の
課題解決に向けた対応策

1 ミドル・シニア社員の活性化のために：躍進行動の要因を探る

　ミドル・シニア社員の躍進に対して、さまざまな阻害要因を見てきた。ここまでも述べてきたとおり、処遇と役割のミスマッチやミドル・シニア社員のパフォーマンスの低下などミドル・シニア社員の不活性化問題は、企業の人材マネジメントの構造全体の不整合から発生しているものである。

　本来、日本型雇用は、ピラミッド型の人員構成で経済が成長し、人件費の上昇を成長率で賄えた時代には効果を発揮し、「ジャパン・アズ・ナンバーワン」と呼ばれるほどの人事管理だった。だが、成長期が終わり、人件費負担やポジション・コントロールに無理が生じてくると、年功処遇を期待し、モチベートされてきた社員の不活性化、そして処遇のミスマッチといったデメリットが表面化してきた。これを全面的に解消していくためには、人材マネジメント全体をパラダイム・シフトしていく必要があり、そのためには経営スタンスの明確化が極めて重要になる。

　第2章で、ミドル・シニア社員の「五つのタイプ」と不活性化の課題解決に向けて重要な鍵を握る五つの躍進行動を見てきた。本章では、そうした躍進行動に「何が影響を与えているか」という点を掘り下げる。前述したようなパラダイム・シフトにおいて、具体的にどういった状態を目指すべきかを明らかにしていく上で示唆となるはずだ。

　分析は、次のようなプロセスで行った。

　まず、躍進行動を一つの指標にまとめ、それに影響を与えるものは何かを明らかにしている。ただし、躍進行動それぞれへの影響を子細に見ることも可能だが、あまりにも複雑になりすぎると実務的な理解の妨げとなることと、類型化において「伸び悩みタイプ」はすべての行動に対して平均値を下回っていたため、個々に焦点を当てるよりもトータルな躍進行動全体を見て分析をしたほうが、傾向をつかみやすいと考えたわけだ [**図表3－1**]。

図表3－1 躍進行動に影響を与える効果的な施策を解き明かす

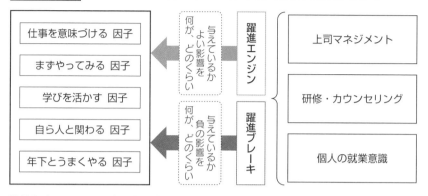

資料出所：パーソル総合研究所（以後、資料出所の明記のない図表も同じ）

　その上で、上司マネジメント、研修・カウンセリング、個人の就業意識という三つのアプローチにおいて、躍進を促進するものを「躍進エンジン」と呼び、逆に躍進を阻害するものを「躍進ブレーキ」と呼んで、その実態を明らかにしていった。以下では、「上司マネジメント」「研修・カウンセリング」「個人の就業意識」の順に分析結果を見ていこう。

［1］上司マネジメント

　上司マネジメントにおいて40代・50代に共通して躍進行動にプラスの影響を与えていたのが、「仕事の仕方に対する尊重・裁量の付与」だった［**図表3－2**］。40代については、特にその他には有意になる項目は存在しなかったが、50代については、「定期的な会話」「平等な関わり方」「責任ある仕事の割り当て」が躍進エンジンとなっている。40代よりも50代のほうがマネジメントにおける上司行動の役割が大きいことが示唆されている。

　幾つかの変数が挙がったが、分析結果から導き出されたことを一言で言えば、［**図表3－2**］にあるように、マイクロ・マネジメントと特別扱

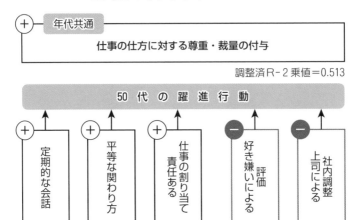

図表3-2 | 40代・50代の躍進行動に影響を与える上司のマネジメント

(+) 年代共通

仕事の仕方に対する尊重・裁量の付与

調整済R-2乗値＝0.513

50 代 の 躍 進 行 動

(+) 定期的な会話

(+) 平等な関わり方

(+) 仕事の割り当て 責任ある

(−) 好き嫌いによる 評価

(−) 社内調整 上司による

資料出所：パーソル総合研究所／法政大学　石山恒貴研究室「ミドル・シニアの躍進実態調査」(2017年、[図表3-3～6、10、16～17]も同じ)

いがミドル・シニア社員の躍進を阻害しているということだろう。中高年層は、それまでの貢献や経験があるためプライドの高い人が多く、特別扱いや不公平な扱いに対しては非常に敏感に反応する傾向が強い。

　しかし、現場の上司にとっては、とりわけベテラン社員は気を使う存在である。事細かに行動／計画を統制しようと介入してマイクロ・マネジメントを徹底しようとするか、評価面談でしかきちんとコミュニケーションを取らない放置状態になってしまう例が多々見られ、そうした行動が躍進行動を妨げている。

　マネジメントの問題をさらに難しくしているのは、上司自体の内面化しているリーダーシップ像だ。リーダーの一般的なイメージは、組織の中心で特権的に集団を引っ張り、変化をもたらす、変革型ないしカリスマ型のリーダーシップ像である。マネジャーになった人は多かれ少なかれ、「リーダーらしく振る舞わなければ」という思いに駆られるものだ。

　また、年齢を重視する意識が強い日本企業では「年上」こそが中心的な役割を果たすべきという規範にとらわれがちだ。しかし、リーダーシップは、「こうあらねばならない」という一つの「型」や、「これでうまくやってきた」という「正解」にこだわり続けると現実の複雑なマネジメントに適合できない。

　学術的な文脈においても、リーダーシップ研究は、「どういった人がリーダーシップを発揮するのか」というリーダーの特性や行動を把握しようとするアプローチから、より「状況」や「部下の特性」に合わせて変化するリーダーシップ像を探求するコンティンジェンシー・アプローチ（条件適合理論、環境適応理論）へと大きく舵を切ってきた。

　また、リーダーシップの固定的な「型」が通用しない典型的な場面としては、上司と部下の「年齢逆転」のマネジメントがある。部下は「年下」であることが当たり前としてリーダーシップを発揮してきたマネジャーは、年齢が逆転して部下が「年上」になると大きな戸惑いを感じることになり、それがミドル・シニア社員の躍進を妨げている。学術的にも実務上でも十分な探求がなされていないこの年齢とマネジメントの関係性については、本書のメイン・トピックの一つでもあるので、後に詳述していく。

［2］研修・カウンセリング

　次に、教育・育成への直接的投資である社内における研修やカウンセリングによって、躍進行動がいかに引き出されるか、年代別に分析結果を見ていこう。

　躍進エンジンとしては、40代には「社内スタッフによるキャリアカウンセリング」が、50代には「マネジメントスキル研修」が、それぞれ有意に効いている［図表3−3］。逆に、躍進ブレーキは、40代は「過去10年以内に研修受講経験なし」で、50代は「マネープラン研修」だった。

　日本企業の研修体系は、「新人」に大きく偏っており、ミドル・シニア

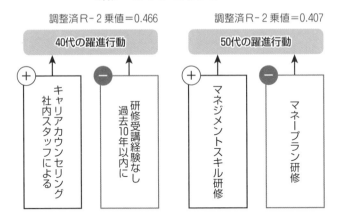

図表3-3 40代・50代の躍進行動に影響を与える研修・カウンセリング

調整済R-2乗値=0.466　　　調整済R-2乗値=0.407

40代の躍進行動

＋ キャリアカウンセリング社内スタッフによる

－ 研修受講経験なし過去10年以内に

50代の躍進行動

＋ マネジメントスキル研修

－ マネープラン研修

社員向けの研修は規模・頻度とも大きく縮小する。教育投資は限られた経営資源の下で行うため、投資効率の高さから判断され、おのずと正社員・若手に偏る傾向にある。研修は「新入りが受けるもの」という意識は日本の職場において根強い。我々の分析においても、「過去10年以内に研修受講経験なし」という研修機会の希薄さは、やはり躍進行動に負の影響を与えている。逆に、50代では「マネジメントスキル研修」を受けていることが躍進につながっている。いわば「研修格差」とも呼べる状況が、躍進行動に紐づいていることが分かる。

　また、ここにおいて、50代の「マネープラン研修」が躍進のブレーキとして有意だったことは興味深い。マネープラン研修（ライフプラン研修ともいう）とは、フィナンシャルプランナーなどの専門家の力も借りながら、社員の老後の資金計画をサポートする研修で、企業からの報酬見通しと現在の貯蓄額、ローンの状況、子どもの教育費などさまざまな要素を鑑みて定年後を見据えた人生設計を行うための情報提供をするものである。平均寿命が延び、年金受給の時期も後ろ倒しになっていく中で、経済生活の安定は高齢者にとって極めて大切になっているため、時

代の変化とともに研修への役割と期待のみならず、その使命も重要度も増しているといえる。しかしながら、今回のように躍進行動に対する影響としては、マイナスに寄与している傾向が示唆された。マネープラン研修そのものは役に立つものであるし、ニーズもあるのだろうが、高齢社員にとっては「引退モード」「お役御免」のタイミングであるという"記号＝シグナル"として機能してしまう可能性がある。

［3］ 個人の就業意識

　40代・50代に共通してプラスの影響を与えていたのが、「社会貢献意識・社会的意義の認知」である ［図表3－4］。年代別に見ると、40代は「自己効力感」「仕事による成長実感」が、50代は「専門性発揮の見通し」「専門性向上の見通し」「意見の組織への反映」が躍進エンジンとして影響を与えている。

　同時に、「昇進・昇格に対する見通し」がマイナスの影響を与えている。第2章で五つのタイプの中で最も多くを占める「伸び悩みタイプ」

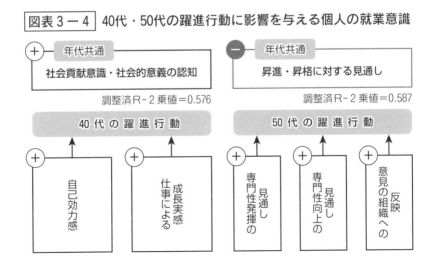

図表3－4　40代・50代の躍進行動に影響を与える個人の就業意識

は、非管理職が多く、まだ組織内で昇進・昇格できるという「昇進・昇格に対する見通し」が高いにもかかわらず、躍進行動が平均よりも劣る層であることを紹介した。この分析においても「伸び悩みタイプ」の影響が大きいことが分かる。

　ここまでの分析で明らかになった「躍進エンジン」と「躍進ブレーキ」を［**図表3－5**］にまとめた。

　施策を検討するに当たって、ターゲット目標の仮想的なペルソナとして適切なのは、ここまで着目してきた「伸び悩みタイプ」だろう。全体の38.3％と約4割を占める「伸び悩みタイプ」を、「バランスタイプ」へと移行させていくことが、施策の効果が端的に現れやすいといえるだろう。伸び悩み層は、極めて就業満足度が低く、かつ転職意向も低い。停滞感の強いこの層を動かすことができれば、現在の企業が抱える課題感は解消していくはずだろうし、本人にとっても、より前向きな気持ちで仕事に取り組めることにつながっていくはずだ。

図表3－5　分析結果から明らかになった躍進行動への誘因策

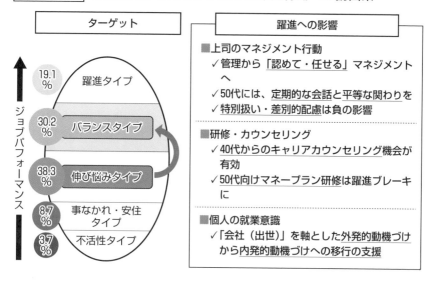

2　ミドル・シニア社員支援の希薄さ

　ミドル・シニア社員の不活性化問題への対策を企業で進めようとする際に、最初に障害となるのは、人事・経営側に「中高年層一般に対してサポートや支援が必要である」という意識が薄いことだ。第1章でも述べたとおり、中高年層の問題は、問題が顕在化するまでに時間がかかり、前例も乏しく、成果が出るまでにも時間がかかる。また、賃金・報酬に手をつけるとなれば、社員にも意思決定者自身にも不利益を生じさせる可能性があることが、経営層に具体的な対策への二の足を踏ませている[図表1-8]。そもそも中高年層は「育成や教育支援の対象ではない」という感覚も根強く、たとえ人事部内に問題意識を感じる者がいても、社内の対策案はなかなか前に進んでいかないことも多い。

　例えば、分かりやすい例として研修・育成支援について見てみよう。既に見たとおり、日本企業の育成は基本的にOJT頼みであり、ミドル・シニア社員に対してはOff－JT、いわゆる業務外研修による組織支援が極めて希薄だ。全体の19.1％を占める「躍進タイプ」は、まだ管理職研修や階層別研修を受ける機会があるが、一度そうした出世コースから外れてしまうと、極端に研修から遠ざかってしまう。データから中高年層の研修受講実態を見れば、「伸び悩みタイプ」ほど、研修経験が如実に少ないことが分かる[図表3-6]。母集団の中で最も多い層である「伸び悩みタイプ」は、約6割が「10年以内に受講した研修はない」と回答したのに対して、「躍進タイプ」は約3割にとどまっている。

　そもそも、日本は、他の先進国と比べ人材投資の水準が極めて低いことで知られている[図表3-7]。特に[図表3-8]で見るように、1970年代からバブル期の1991年まで急速に伸びていた民間企業の教育訓練費は、バブル崩壊後に大きく低下、そして低水準のまま推移している。しかも、日本の教育訓練のもう一つの特徴は、「新入社員」に大きく偏ってリソースが配分されていることだ。日本の若年者は、インターンや実

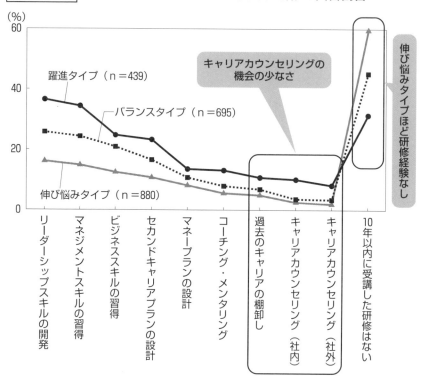

図表３－６ タイプ別に見た10年以内に受けた研修の回答割合

（％）

キャリアカウンセリングの
機会の少なさ

躍進タイプ（n＝439）

バランスタイプ（n＝695）

伸び悩みタイプ（n＝880）

伸び悩みタイプほど研修経験なし

リーダーシップスキルの開発
マネジメントスキルの習得
ビジネススキルの習得
セカンドキャリアプランの設計
マネープランの設計
コーチング・メンタリング
過去のキャリアの棚卸し
キャリアカウンセリング（社内）
キャリアカウンセリング（社外）
10年以内に受講した研修はない

習といった実地の経験をほとんど経ず、採用されてから数年でようやく一人前の成果を出し始める。ゆえに、大企業では、長期間の新人教育が毎年カリキュラム化されているのが定番である。新卒採用を定例化していない中小企業においても、若年者には業界未経験者、そして「第二新卒」といった形で門戸を開き、実質的にほぼ未経験者が採用されている。そのために、日本企業は、スキルと技能がかなり低い段階から正規社員として雇うために、新人への育成コストがどうしてもかかってしまう。

そして、もう一つの研修投資の対象は「管理職」である。多くの企業は、管理職に対しては管理職研修という形で研修体系を組んでいる。近

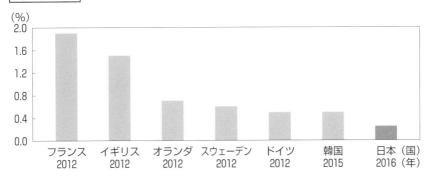

図表3－7　労働費用総額に占める教育訓練費の割合の国際比較

資料出所：日本；厚生労働省「平成28年就労条件総合調査」、フランス・イギリス・オラン
ダ・スウェーデン・ドイツ；Eurostat（2016.12）Labour Costs Survey 2012-
NACE Rev. 2、韓国；雇用労働部（2017年1月現在）から集計

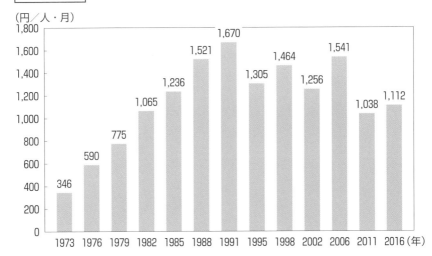

図表3－8　民間企業における教育訓練費の推移

資料出所：内閣府資料「人材投資・文教参考資料」（2017年4月25日）
［注］　1．労働省「労働者福祉施設制度等調査報告」「賃金労働時間制度等総合調査報告」、
　　　　厚生労働省「就労条件総合調査報告」より作成。
　　　2．労働者の教育訓練施設に関する費用、訓練指導員に対する手当や謝金、委託訓練
　　　　に要する費用等の合計額。

年増えてきたダイバーシティやコンプライアンス遵守などのテーマ別研修も、費用の兼ね合いもあり、やはり管理職以上が対象になることが多い。つまり、新人時代を過ぎ、かつ管理職へのコースを歩めなかったミドル・シニア社員は、研修を受講する機会が大幅に縮小するのが日本企業の一般的な姿であり、それが［図表3－6］で見たような結果を招いている。

3 研修の「シグナリング」による自己成就仮説

こうした教育投資の希薄さが影響するのは、単純に「学びの機会が少なくなる」ということだけではない。この教育投資の希薄さは、日本における遅い昇進システムと相まって、選抜型研修において独特のシグナリング効果を生むことが指摘できる。やや仮説的ではあるが、ミドル・シニア社員の活躍を考えるためのポイントの一つとして素描しておこう。

欧米先進国などと比べ、日本企業は、昇進・昇格において若いうちはあまり差がつかない。しかし、それでも30代後半から40歳を過ぎるころには、管理職・幹部候補として期待されるグループとそうでないグループに分かれ始める。新人から一律的なOff－JTを与え続けた企業人事も、このころには選抜型に切り替える。そうした将来有望な層にはリーダーシップ研修やマネジメントの基礎研修、次世代リーダー研修など、一プレイヤーからマネジメントへと役割のトランジション（移行、変化）を促すような研修が行われている。

社員の中でも目立った活躍を見せる者や高い成果を上げ続ける者が選抜型研修に招集されるということは、［図表3－9］に示した「シグナリング」の効果があるということだ。つまり、招集された側の社員は、期待と有能感を付与され、ポジティブな後押しを得ることになる。研修への招集が承認の認知機能を果たし、その社員の活躍を促すことになる。心理学でいうところの「予言の自己成就（self-fulfilling prophecy）」であ

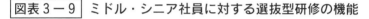

図表3－9 ミドル・シニア社員に対する選抜型研修の機能

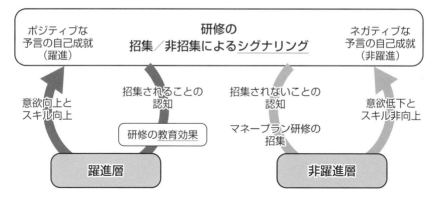

る。予言の自己成就とは、ある予想や予言・推測を受けた者が、その後、予言された内容に基づいて行動するために、実際に予言を的中させる方向に進んでいくという現象をいう。

　ここでは「管理職候補研修に招集された者が、組織からの期待と承認のシグナルを受け取り、さらに活躍し始める」というサイクルがポジティブな意味での予言の自己成就に当たる。そして、その層は実際に研修を受けることで、その教育効果も蓄積されることになる。つまり、ミドル世代以降の選抜型の教育投資には、期待と承認への認知的効果も付加される。これは、一律的に行われることの多い新人研修にはない効果である。

　だが、ここでの問題は、必然的に発生する非招集層の存在である。選抜型研修に招集されなかったことは、むろん、その層も感知する。研修に招集されないことで、自らがキャリアトラックに乗っていないことを認知し、かつ教育効果の恩恵も受けない層が発生することになる。すると、その層においては「招集されなかったことで、さらに活躍しなくなる」という先ほどとは逆のネガティブな予言の自己成就のサイクルが回っていく。

第2章で論じた類型化における「伸び悩みタイプ」のことを思い出そう。ミドル・シニア社員の約4割を占める「伸び悩みタイプ」は、極めて強い就業不満を抱きつつも、組織の中での昇進・昇格の見込みを捨てきれない層だった。こうした出世を諦めきれない層に対して「招集されないこと」へのシグナリングが就業意欲を下げる方向に作用することは容易に想像できる（しかも、伸び悩みタイプは内発的動機づけが弱い層でもある）。[図表3－6]で見たタイプ別の研修経験の格差と、それに相関した躍進行動の高低の実態を見る限り、こうした研修のシグナリング効果が一部に作用していることは十分に考えられる。

　前述したような選抜型研修のポジティブな予言の自己成就効果は、うまく作用すれば優秀層の選抜として成功する。招集したその母集団自体の適切性とは別に、「選抜された」という認知効果がその層に付与されることで、さらなる飛躍を生む可能性が高まるからだ。だが、選抜されなかった者に対しても、意欲の低減を食い止め、より広い社員に一定の成果創出を期待したいという本書の目的にのっとるならば、この非招集層と招集層の意欲の落差が大きく開いてしまうのは好ましくない。

　要するにここでの問題は、管理的役職に就けなかった者や役職に就ける期待を失った者が、それと同時にモチベーションを失いパフォーマンスを下げてしまうことだ。そうした問題に対応すべく、多くの企業では、マネジメント職でなくても昇進できるポストとして、「専門職」「スペシャリスト職」「エキスパート職」といった部下のマネジメント役割を持たない職位を用意してきた（労務管理上、その多くは管理職として処遇されているが）。

　しかし、筆者の知る得る限り、多くの企業でその役割は十分に機能していない。専門的なスキルを蓄積できている者が少ないという必要要件とのアンマッチもあるが、それ以上に、そうした専門職には「マネジメント職になれなかった人」というネガティブなレッテル（負の烙印＝スティグマ）が張られてしまっている場合も多く、部下のいるライン管理

職と比べて希望する者も任用を歓迎する者も少ない。組織における長く・広い競争環境での「勝ち組」は、やはりマネジメント機能を有する管理職のラダーを上っていくことに限定されている企業が多いのが現状である。

　また、［図表3－6］からもう一ついえることは、「キャリアカウンセリング」「過去のキャリアの棚卸し」といったキャリアを振り返させ、マインド・チェンジを促すような研修機会が、ほとんどないことだ。これはタイプに限らず同じ傾向を示しており、「躍進タイプ」ですら10％程度にとどまる。つまり、ミドル・シニア社員のキャリアの停滞感や不活性化は、組織の雇用や処遇の在り方に原因があるにもかかわらず、その解決は「個人任せ」というのが実態である。つまり、ミドル・シニア社員の不活性化問題は、企業側の「放置」が招いているといっても過言ではない。投資もせず、教育もせず、それまでのキャリア・コースを振り返る機会も与えないままでは、ミドル・シニア社員の課題感を払拭できるはずもない。

【コラム　生産性と人材投資】
　さて、現場を離れた教育研修、いわゆるOff－JTが低迷している現状について補足的に述べておこう。Off－JTは、特に経済停滞期においてカットされ、そして現場においても「役に立たない」といわれることも多い。なぜだろうか。
　まず、人材投資は、その他の投資手段と比べても、投資のリターン（その労働者が生み出す利益）の有無や幅が中長期的にしか判断できないという課題がある。これは、Off－JTの内容の問題というよりも、人材という企業資産の持つ宿命である。しかも、人材投資は他企業へスピルオーバー（流出）してしまえばリターンが無に帰してしまうという問題をはらんでいる。つまり、育成した社員が他社に移ってしまえば、投資の利益を享受するのは転職先の企業ということになる。
　それでも、どこの国の企業でも教育投資が活発に行われるのはなぜか。むろ

ん、社員の労働生産性を高めたいからでもあるし、流動性が高くても（むしろ流動性が高いがゆえに）、どこでも通用する経験やスキルを蓄積したいという労働者の要望があるからだ。「社員を成長させられないこと」「教育投資を行わないこと」そのものが社員の不満を招き、人材流出につながるというリスクがあるためだ。

　だが、OJTとジョブ・ローテーションを軸に育成されてきた日本の中高年層は、年齢とともに「成長」への意欲が下がり、学びへの行動もとらなくなる。この点は、ミドル・シニア社員においては「もうこれ以上教育投資をしたくない企業」と「もうこれ以上学びたくない社員」の"不幸な共犯関係"が成り立っているともいえる。自律的に学ばなくても職場において実地で育成され、転職ではなく会社が示すコースに従ってキャリアを構築できてしまうことが、育成システムの逆機能として働いている。

　経済学的研究では、IT投資や設備投資は、それだけではさほど生産性向上に結びつかず、補完的な無形資産（ソフトウェア、人材などへの投資）がなくては生産性の向上は期待できないことが指摘されている[1]。無形資産投資が、他の投資と連動・関連づけられることで生産性の向上に寄与する。ITも機械も、それを動かす「人」のリソースが伴うことが重要ということだ。

　しかし、［図表3−7］の国際比較でも見たとおり、日本の場合はIT投資、研究開発投資が堅調な増加を示しているのに対し、人材投資が少ない。定量的な検証が必要だが、日本の長期雇用慣行において短期的効果が見えにくいOff−JTの機会が減ることは、長期的な人材育成の失敗と労働生産性の低下を招いている可能性がある。例えば、近年の研究が示すところによると、サービス業では製造業よりもOff−JTの生産性向上への寄与の度合いが高くなっており[2]、サービス産業化が進む経済にとって人材投資の少なさは、さらなる悪影響をもたらしかねない。

　かつての日本企業の強みであり、世界に対する「ウリ」でもあった強い現場力、人的資産の蓄積が失われつつあるとすれば、それは経済全体に大きな影を落とすことになる。

4　第1の谷　40代に対する打ち手

［1］ミドル・シニア社員の「二つの谷」

　ミドル・シニア社員の不活性化問題に対して、より具体的な対策を議論するため、時期やタイミングについて、もう少し焦点を絞って明確化していく。そこで、ミドル・シニア社員の働きぶりを年齢別に見てみると、一つの興味深い結果が得られた。それはミドル・シニア社員のキャリアには、パフォーマンスが落ちる「二つの谷」が存在するということだ。

　[図表3－10]は、年齢別の「躍進タイプ」の割合と、五つのタイプのジョブパフォーマンスの平均値を図示したものだ。これを見ると、類型化による「人」の側面においても、全体の平均的な姿としても、同時に一段低下する時期があり、第1の谷は40代中盤（44〜45歳）、第2の谷は50代前半（50〜51歳）である。これを我々はミドル・シニア社員の「二つの谷」と呼んでいる。[図表3－10]を見て分かるように、単純に加齢によって成果・パフォーマンスが下がっていくわけではない。このグラ

図表3－10　年齢別のパフォーマンスと躍進タイプの割合

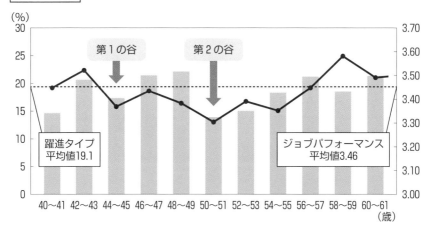

フは、パフォーマンスが下がる傾向にある時期を捉えて、ミドル・シニア社員への施策を「いつ」実施すればよいのかを探るヒントになる。ここからは、この「二つの谷」を下敷きにしつつ、アプローチを議論していく。

［2］キャリア・プラトーを乗り越える

　ミドル・シニア社員のキャリアの「二つの谷」のうち、40代に訪れる「第1の谷」の背景には何があり、打ち手はなんだろうか。

　既に述べたとおり、日本企業の人事マネジメントは、企業内を横断的に異動して経験を積みつつ、「昇進・昇格」をインセンティブとして意欲を維持する点が特徴といえるが、実際には社員はいつまでも出世し続けるわけではない。「昇進・昇格」の見通しは、一定の年齢で縮小していく。我々が実施した調査では「42.5歳」が、その平均的な転換点だった[**図表3－11**]。このころ「出世見込み」は縮小し、仕事への動機づけを

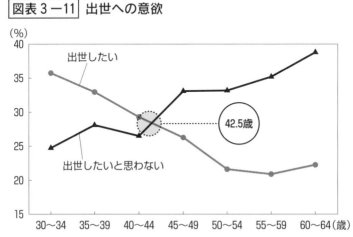

図表3－11　出世への意欲

資料出所：パーソル総合研究所「働く1万人の成長・就業実態調査」（2017年、[図表3－12] も同じ）

失い、パフォーマンスを落としていく者が多い。つまり、ミドル・シニア社員の不活性化問題とは、この日本型のインセンティブによる「効果」の限界と、その限界に多くの社員が達したことを示している。

むろん、この「昇進の限界」自体は問題ではない。上位の役職に上げるのは誰でもよいわけではないし、先進国の雇用慣行から見れば、出世する社員と出世しない社員はキャリアの初期から明確に区別されることのほうが多い。「遅い昇進」を特徴とする日本企業の雇用慣行は、新卒であれば20年という長い期間、そのインセンティブを与え続けられている。これをさらに遅らせる施策は現実的ではない。

「遅い昇進」の真の問題は、社員のモチベーションの源泉を、組織内の「昇進」「昇格」「報酬」といった外的要因に限局してしまう点にある。職能資格制度を中心とした「ヒト基準」の「積み上げ」式の格付制度が多く見られるがゆえに、「この企業で働いていれば、ある程度のところまで出世でき、しかも下がることはない」という暗黙の期待を多くの社員が持つことになる。アメリカにおいて典型的に見られるような転職や社内募集によって、より上位のポストを自ら選択的に渡り歩くことで出世をしていくキャリア構築の仕方とは対照的だ。結果的に、同期入社組の横の競争意識が強く、わずかな出世スピードの違いを気にし、それを40代まで引きずる社員が多く発生する。その先に訪れるのが、先ほどの「42.5歳」の転換点だ。

こうした職位上昇の停滞の局面は「キャリア・プラトー（Career Plateau）」と呼ばれる。キャリア・プラトーとは、キャリアの発達が高原のような平らな状態に達し、もう伸びしろのない停滞期にあることを示す。その中でも、昇進・昇格の停滞期は、「昇進プラトー」と呼ばれている[3]。

この停滞は、組織の中にいる人なら、ほとんどの社員がいつかは経験する。全員に到来する分かりきった事実であるはずなのに、昇進プラトーが動機づけの喪失を招いてしまうのは、先に見た職位への上昇にモチベー

ションの源泉の比重が傾いているからだ。既に見たように役職へのこだわりを持つ社員ほど、40代以降に躍進行動ができなくなっている。特に「伸び悩みタイプ」にそのこだわりが強く見られた。

　昇進・昇格、報酬といった外発的動機づけはそれ自体、組織における社員の動機づけとして基本中の基本である。だが、外発的動機づけのマイナス面も心理学的研究を中心としてさまざまに指摘されてきた。例えば、より広い視野を失わせる「クラウディング・アウト」[4]は、内的関心が強い活動に外的報酬を設定すると、その報酬に注目が集まって、その任務の内的関心やそれを包含するもっと大きなミッションの優先順位が下がってしまうことを説明したものだ。仕事に与える意味が金銭・役職を得ることと重なりすぎると、より大きなミッションや意義のために働くことへの関心を失ってしまうのだ。

　そして、そうした仕事への意欲の外発的動機づけへの偏りが、「出世はもういいか」と思ったときに、次のキャリア目標を見失わせることになる。[図表3−12] は、「キャリアの終わりを意識しているか」という質問に対する回答の分布である。「意識している」と答える者が多数派にな

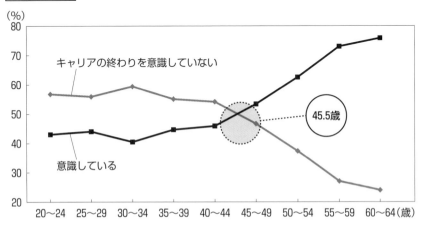

図表3−12 キャリアの終わりを意識しているか

るのは45.5歳。[図表3－11]で示した「出世したいと思わない」が多数派になる42.5歳のわずか3年後である。つまり、「出世の終わり」と「キャリアの終わり」が極めて近い位置にある。このことは、日本のミドル・シニア社員にとって、組織内のポジションの上昇と個人のキャリアがいかに強く結びついてしまっているかを端的に表している。

　職位を上昇させることだけが自己の成長の物差しになってしまっている人は、ミドル・シニア社員の昇進プラトーに入った途端、自分自身の成長の方向を見失う。だが、多くの者にとっては、その後も20年以上の就業生活が待っている。70歳までの就業継続が現実味を帯びてきた現在、40代中盤は、ただの折り返し地点にすぎない。日本企業に特徴的だった、平等な昇進機会によるインセンティブ付与の効果の臨界点、つまり多数の社員にとって目の前につるされたニンジンが効かなくなる点を過ぎたとき、必ずキャリアへのマインド・セットの転換が必要とされる事情はここにある。

［3］40代のモチベーションの低下を防ぐには

　では、このミドル・シニア社員が40代前半に多く経験するキャリア・プラトーをモチベーション低下・不活性化につなげないためには、どうしたらよいだろうか。第1章の[図表1－15]で示した①期待値の調整、②働きがいの再発見・再定義、③広い視野での居場所づくりの3点から議論していく［図表3－13］。

（1）期待値の調整：リアリスティック・キャリア・プレビューの機会を　　与えよ

　ミドル・シニア期に直面する課題の前提は、キャリアに関する主体的な見通しや方向性が欠落しているということだ。後掲の第4章で役職定年を詳しく掘り下げるが、自身のキャリアの行く末を「考えていない」だけでなく、「積極的に考えない」者も多い。特に、昇進・昇格といった組織内での上昇を動機づけにしてきた者にとっては、その停滞・行き止

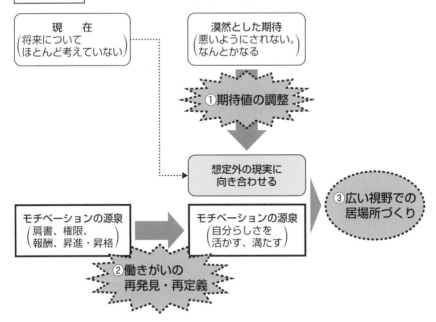

図表3−13 モチベーションの低下を抑制するための方策【再掲】

現 在
(将来について
ほとんど考えていない)

漠然とした期待
(悪いようにされない。
なんとかなる)

①期待値の調整

想定外の現実に
向き合わせる

③広い視野での
居場所づくり

モチベーションの源泉
(肩書、権限、
報酬、昇進・昇格)

モチベーションの源泉
(自分らしさを
活かす、満たす)

②働きがいの
再発見・再定義

まりは「考えたくない」ことであっても不思議はない。昇進・昇格の行き止まりという現実のほかにも、気力や体力の低減や介護負荷・家族の健康問題など下方傾向のキャリアイベントが多く到来することが多いミドル・シニア社員には、キャリアと自己に向ける意識の再構築が必要となる。

　その問題に対して、我々は「リアリスティック・キャリア・プレビュー（Realistic Career Preview）」という考え方を提唱している（頭文字を取って「RCP」と呼ぶ）。RCPとは、キャリアの先に待つ「不都合な現実」も含め、自分の将来の仕事の方向性や可能性を見据えることを示す。このアイデアの下敷きになっているのが、組織への参入、特に新入社員の採用シーンにおいてしばしば参照される産業心理学者のジョン・ワナウスによる「リアリスティック・ジョブ・プレビュー（Realistic Job Preview＝RJP）」

の概念だ[5]。

　新入社員の採用・入社においては、人材を採用する際、企業側は少しでも優秀な人を採るため、会社の良い面をアピールしようとするインセンティブが働く。その結果、応募者は、入社前に過度な期待を持ってしまい、それが入社後に裏切られることによって心理的なショックを受けることになる。期待と現実とのギャップから生まれるこうした心理的つまずきを、リアリティ・ショックと呼び、そのことによって、新入社員のモチベーションは低下し、離職の要因になる。

　これを防ぐためには、採用局面において「入社するとどんな苦労が待ち構えているのか」「収入はどれくらいになるか」「どれくらいの残業があるか」など、職場のリアルな情報を入社前に開示し、期待と現実とのギャップを縮小する必要がある。これがRJPの基本的な考えであり、日本語では「現実的職務予告」との訳が当てられ、議論されてきた[6]。

　この発想を、キャリア全体に応用したのがリアリスティック・キャリア・プレビューの考え方だ。ミドル・シニア社員は、キャリアの停滞や役職定年、その後に待つ定年・定年後再雇用など、収入や役割の変化を伴った大きなトランジションを経験する。そこで社員は不安や不満、戸惑いといった心理的な負の影響を被る。こうしたリアリティ・ショックを緩和・回避するためには、これから自分が通るキャリアの道筋を、「現実的」かつ「事前」に予想し、見通すことが必要となる。将来、自己に降りかかる"不都合な現実"を自覚し、今のキャリアの先には順調に連続して延びていくキャリアルートから外れる時期が必ず来ると認識することが第一歩になる。

　そして、そうした認識のための情報や機会は、企業・人事側から社員へと積極的に与えるべきである。キャリアのトランジションは、具体的な組織人事施策に張り付いており、そこで訪れる負の感情や動機づけの喪失もまた組織人事の在り方から生み出されている。また、中高年層の処遇や役職定年の仕組みは、個々の会社によって違いも大きい。やはり

企業側から自社でのキャリアの見通しを、具体的なキャリア・パターンとともに示していく必要がある。そのための枠組みがRCP施策の中心となる。

（2）働きがいの再発見・再定義：スポイルされた内発的動機づけに転換の機会を与えよ

キャリアを見通すことで期待値を調整した後には、「②働きがいの再発見・再定義」のフェーズが必要となる。不都合な現実を認知するだけで、前向きになる者はいない。

先ほどの40代前半の「転換点」を目掛け、キャリアの棚卸しをして、新たな意味づけを模索する機会を社員に与える必要がある。しかしながら、キャリア研修などの機会を提供する企業はまだまだ少なく、実施していたとしても、50代中盤になってからのことも多い。これではあまりにも遅すぎて、施策としても不十分だ。「第1の谷」が来る前の40代前半から、キャリアへの内省機会と、内発的動機づけを付与する機会を与えるべきである。

まず必要なことは、企業・人事が、現在あまりにも少ないキャリア研修・キャリアカウンセリングの機会を拡充し、再構成することに本気で取り組むことである。長期雇用に起因する問題の解決を個人任せにしておいて、成果が出ない者を放置するような人事管理は、高齢化社会における人事戦略として適切でない。

では、中高年層に対して、どのような内容の機会を与えればよいのだろうか。そのヒントとして参照したいのが、「ナラティブ・アプローチ」と「ライフ・テーマ」という考え方だ。

①支配的な「ナラティブ」を転換する

ミドル・シニア社員が仕事の意味や内発的動機づけを見失っているように見えても、それは心の中で何も考えていないこととイコールではない。多くのミドル・シニア社員は、仕事や会社について、それぞれ何らかの持論や複雑な思いを抱えている。例えば、「会社は自分のことをまっ

たく気にも留めていないのだから、手を抜いても大丈夫だ」とか、「あの上司とは相性が合わないから、上司が変わらない限り何も変わらない」とか、「自分たちはまともな育成機会を与えられていないにもかかわらず、無理な仕事を押し付けられている」といったものだ。

　こうした社員自身が持つキャリアに対する「語り」を転換することで、キャリアを見つめ直す契機とする方法論を、キャリアカウンセリングでは「ナラティブ・アプローチ」と呼んでいる。ナラティブ（narrative）とは、「物語の」とか「語りの」といった意味である。ナラティブ・アプローチは、対人支援の方法として保険、医療・福祉、教育などの多く業界で、1990年代以降幅広く採用されている。

　ナラティブ・アプローチでは、先ほど挙げたようなミドル・シニア社員が既に信じてしまっている物語やある種の思い込みのことを「支配的ストーリー（Dominant Story）」と呼ぶ。ナラティブ・アプローチのカウンセリングは、対話を通じてこの支配的ストーリーを引き出し、別のストーリー（Alternative Story）に転換させることで、問題解決を図ろうとするものだ。この種の物語は思いのほか強固で、本人も知らず知らずのうちに、身動きが取れなくなっている。支配的ストーリーからの脱却は、なかなか本人だけでは難しく、外部から支援を受けるのが望ましい。

　[図表3-14]で示すように、対話が「組織の中の個人による語り」にとどまる限り、支配的ストーリーから解放されることは難しい。個人が、「組織についての語り」を行うようになったとき、語りに質的な変化が訪れる。そこでは、企業や組織、そして仕事といったことを個人の内側で置き直し、外部の視点から語り直すということが行われている。ここでのポイントは「誰に語るか」ということだ。

　むろん、同僚同士で話し合う「ピア・カウンセリング」や、メンター制度などを対話機会として活用することもできるが、ナラティブ・アプローチの観点から見れば、同じ組織内であまりに「話が通じる人」は支配的ストーリーを理解・強化してしまう可能性もある。組織としてサポー

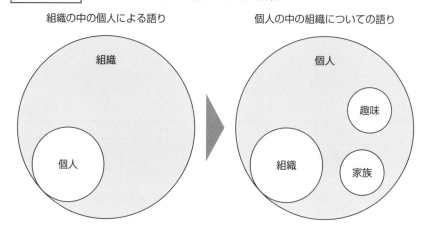

図表3−14 ハッとする瞬間＝語りの質の変化

組織の中の個人による語り　　　　　　個人の中の組織についての語り

資料出所：野口裕二『ナラティヴ・アプローチ』（勁草書房、2009年）

トを全面的に展開していく上では、やはり外部のキャリアカウンセラーの協力を要請するのが適当だろう。企業によっては、他組織のベテラン社員をそのカウンセラー役として起用している企業もある。それは、ベテラン社員自身の役割づくりという意味でも示唆に富む。

　ほかにも、具体的なやり方はさまざまある。キャリア研修内の対話型ワークショップとしてうまく組み入れることでストーリーの転換効果を発揮する場合もあれば、学校やその他教育機関での若者向けキャリア研修が、結果的にミドル・シニア社員自身の語りを変容させることもある。自分自身が普段とは違う場、違う相手に対して語ることによって、自分自身がとらわれているストーリーを外部化し、自身の気づきを得ていく。

　ナラティブ・アプローチは、ミドル・シニア社員自身の「語り」によって、強固な支配的ストーリーを転換し、ミドル・シニア社員自身に対して変化の種を発芽させる。多くの経験と「ストーリー」に囲まれて職業人生を送っているミドル・シニア社員に対するキャリア研修の設計のポイントとしてヒントを与えてくれる。

②キャリアをいかにして振り返るか：ライフ・テーマ

　さて、ミドル・シニア社員のキャリア・トランジションを促す上で紹介したいもう一つの考え方は、キャリア心理学者のマーク・L・サビカスが唱えた「ライフ・テーマ」という考え方だ[7]。サビカスによれば、人がより良いキャリアをたどるためには、本人のライフ・テーマ（Life Theme：人生のテーマ）を掘り下げていく必要がある。数多くあるキャリア構築理論の中でも、フランク・パーソンズからジョン・L・ホランドに至るマッチング理論（特性因子理論）、ドナルド・E・スーパーのキャリア発達理論を統合したものとして着目されるサビカスの考え方の特徴は、幼いころ・若いころに引かれていたものにこそ、その人の関心の源泉があるとする点だ。

　若いうちは明確でも、大人になる過程でそうしたライフ・テーマは次第に見えなくなっていく。そのため、ライフ・テーマを掘り起こすようなインタビューの仕掛けによって、「本当に関心があること」の覆いを取り外す必要があると彼は考えた。具体的には、次のような問い掛けが考案されている。

1．あなたは、子どものころ成長する過程でどのような人に憧れ、尊敬していましたか？　その人について話してください。

2．定期的に読んでいる雑誌や、定期的に見ているテレビ番組はありますか？　それは何ですか？　その雑誌や番組のどんなところが好きですか？

3．あなたの好きな本、または映画は何ですか？　そのストーリーを話してください。

4．あなたの好きな格言や、指針となる言葉（モットー）を話してください。

5．あなたの幼少期の最初の思い出は何ですか？　3歳から6歳ごろに、あるいは思い出せる限り早い時期に、あなたに起きた出来事に関する三つの物語を話してください。

このサビカスの質問をそのまま投げ掛けることが重要なわけではない。ライフ・テーマ論から企業の人事担当者が学ぶべき点は、ミドル・シニア社員自身の生き方や志向を前提として、その興味・関心を最大限に引き出すことで、主体的な変容を促すことが肝要だということである。ミドル・シニア社員へのキャリア・トランジションを促そうとするとき、「上から」押し付けるようなキャリア研修は決して通じない。だからこそ、知識を持った専門家が治療や治癒をクライアントに施すという「医学モデル」からの脱却を目的としているサビカスのような社会構成主義的カウンセリングは、ミドル・シニア社員にこそ有用だと筆者は考える。内発的動機づけへの転換を促すミドル・シニア社員のキャリア・トランジションの鍵は、ミドル・シニア社員自身の心の中にしか存在しない。その鍵の一つの形として、「ライフ・テーマ」のような個人に立脚した方法論は参照されるべきだ。一面的な役割の押し付けや方向性を誘導するようなキャリア支援は、ミドル・シニア社員が腹落ちしなければ、有益なトランジションは達成できないだろう。

（3）広い視野での居場所づくり：トランザクティブ・メモリーを活かした役割の模索

次に考えるべきは、能力発揮の場をいかに作るかという点だ。

ミドル・シニア社員に対する新たな期待役割について、多くの企業が用意しているのが「専門職」「スペシャリスト職」「エキスパート職」だが、既に述べたとおり、これらの職域はあまり機能していない。また、数多くいるミドル・シニア社員の全員を社内の専門能力、知識を活かせる職域に配置することは至難の業だ。「居場所」を専門職務で与えようとする発想は限界があるし、組織外に目を移してみても、出向・転籍先は数が限られている。

ここでもやはり、ミドル・シニア社員自身が既に積み重ねてきた資産に目を向ける必要がある。それは、端的に表現すれば「社内の人が分かる」ということである。社内に人脈や知り合い、同僚を多く作ることは、

いくら優秀な新規参入者でも難しい。そして、こうした組織内人脈・知識はさまざまな場面で活用できる。こうした記憶は、組織学習の議論の中ではトランザクティブ・メモリー（Transactive Memory）と呼ばれてきた[8]。日本語では「交換記憶」「対人交流的記憶」とも訳される。

　トランザクティブ・メモリーとは、簡単に言えば「誰が何を知っているか（Who knows What）」に関する知識である。組織は人の入れ替わりがつきものだが、ノウハウや集合的な知識をため込む必要がある。その際に「知識」「経験」そのものの蓄積・集積が一般的に議論されがちだが、それらを「誰が持っているのか」という間接的な知識に着目したのがこの概念である。そして、トランザクティブ・メモリーは、イノベーションの文脈で語られがちだが、これこそミドル・シニア社員の知的資産としてもっと着目されてよいものだ。

　組織における知識の創造・蓄積を管理するナレッジ・マネジメントとしては、野中郁次郎らによるSECIモデルが注目されてきた[9]。組織では社員の個人個人が多くの知識や技術を蓄積しているが、それらはうまく利用できていないことがしばしばある。SECIモデルは、それらの暗黙になってしまっている知識（暗黙知）を、「共同化（Socialization）」、「表出化（Externalization）」、「連結化（Combination）」、「内面化（Internalization）」という四つの変換プロセスを経ることで、企業組織の共有の知識（形式知）としていくものだ [図表3−15]。トランザクティブ・メモリーを、このプロセス中に置き直せば、それぞれの変換プロセス同士を「連結」していく役割を果たす。コンビネーションを加速させ、ある人が持っている知識・情報を、別のしかるべき人へと「つなぐ」役割を担う人のことを、ナレッジ・ブローカー（Knowledge-broker：知の仲介者）と呼ぶ[10]。ナレッジ・ブローカーは、組織のどこか一部にしまい込まれている知識・情報を、次々とほかの人に仲介するため、組織内のさまざまなネットワークを強化する上で、極めて重要な存在だといえる。

　ミドル・シニア社員に眠っている多くの資産を活かせる場として、ト

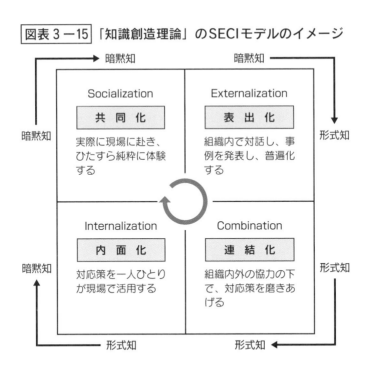

図表３−15 「知識創造理論」のSECIモデルのイメージ

暗黙知 暗黙知

暗黙知

Socialization
共 同 化
実際に現場に赴き、
ひたすら純粋に体験
する

Externalization
表 出 化
組織内で対話し、事
例を発表し、普遍化
する

形式知

Internalization
内 面 化
対応策を一人ひとり
が現場で活用する

Combination
連 結 化
組織内外の協力の下
で、対応策を磨きあ
げる

暗黙知 形式知

形式知 形式知

ランザクティブ・メモリーを活かしたナレッジ・ブローカーとしての在り方がある。もしも、組織や若手の社員が解決すべき問題に直面したときに、「どうすればいいか（Know-how）」という具体的な知を手渡すことも重要だが、それ以上に、「誰が何を知っているか（Who knows What）」を周囲に提供していくことが重要であり、それができるのは、多くの場合、ミドル・シニア社員である。

　だが、トランザクティブ・メモリーそのものも「表出化」する必要がある。いうなれば、ミドル・シニア社員の記憶を「発掘」する必要があるということだ。過去に、どんな職域で、誰を上司として、誰と一緒に働いており、隣接の部署にはどのような人がいたか。それらはキャリアの軌跡そのものだが、上司も同僚も、むしろ本人すらも分かっていない、覚えていないことが多い。まず、これらの「可視化」が必要になる。社

員データベース上における蓄積もあるだろうし、既に述べてきたキャリア研修やカウンセリングの中での棚卸しも有効だろう。これらの掘り起こし・可視化は、それだけでもベテラン社員の優位性と潜在的な資産の発見につながる。

　この人的資産が潜在的なものになってしまっているのは、組織にとって損失でもある。具体的な役割としては、若手の管理職の相談役、社員のメンター、他部署横断的なキャリア・メンターなどさまざまなものが考えられるし、実際に実施している企業も多い。技術的な職域においても、社内外の知識を「つなぐ」アドバイザーとして、その資産は活用できる。これらの仲介者としての役割は、オフィシャルに設定される役割でなくても、マネジメントや組織開発的な手法によって、組織内で作っていくことは十分可能だ。既にミドル・シニア社員一人ひとりが持っている潜在的資産を見える化し、きちんと見つめることで居場所の与え方を広く模索することができる。

5　第2の谷　50代に対する打ち手

[1]「年齢逆転マネジメント」が生み出す弊害

　では次に、ミドル・シニア社員の停滞の「第2の谷」について見ていこう。[図表3－10]で示したように、ミドル・シニア社員のパフォーマンスが下がる「第2の谷」は50代前半である。この時期に入ったミドル・シニア社員のキャリアに訪れるものとして、①上司・部下の年齢逆転がマネジメントをうまく機能させなくなること、そして先ほどの②居場所づくりが機能しなくなることがある。さらには③役職定年の問題が上げられる。既に見たように、内発的動機づけの難しさという心理的な背景が40代にかけて多くのミドル・シニア社員を停滞させるが、50代になると、より現実的な問題として迫ってくる。

　役職定年については第4章で改めて詳述することにして、ここではま

ず、①上司・部下の関係について紐といていこう。

　管理職は、企業における業務遂行の要であると同時に、人事制度の運用を担う役割も果たす。年齢に関わりなく部下のモチベーションや仕事ぶりに大きな影響を与える存在であるが、とりわけ、50代社員に対して、やはり上司の影響は大きい。キャリア研修で内発的動機づけを与えることができたとしても、現場に戻った後のマネジメントが機能していなければ、生き生きと働くことは難しいだろう。

　50代では、この上司との関係において、「年齢逆転」という現象が大きく影を落とす。現在、社員の高齢化に伴い、役職定年制度や再雇用制度、早期選抜・早期抜擢の流れによって、年上部下を持つ管理職（年下上司）が増加する傾向にある。第1章の[図表1－11]で示したように、50代前半のタイミングで、「上司が自分より年下である」という層が、「自分より年上」という割合を上回る。上司の年齢が部下よりも年上から年下にシフトするのは53.5歳だった。つまり、年功的な序列に従ってそれまで多数派だった「年上の上司」と「年下の部下」という関係から、年齢と職位の上下逆転の現象が起こる。このことを本書では「年齢逆転マネジメント」と呼んでいる。

　この「年齢逆転マネジメント」が、上司・部下の関係において、さらにはミドル・シニア社員本人の躍進行動に及ぼす影響が大きいことは調査データでも現れている。[図表3－16]を見ると、「定期的に会話をする機会がある」「責任のある仕事を任せてくれる」「他メンバーと同じように接してくれる」「私の仕事ぶりをよく見ている」といった上司において躍進行動を引き出すマネジメント行動のすべての要素において、「年下の上司」のほうが「年上の上司」よりも数値が低かった。つまり、年下上司は、ミドル・シニア社員の年上部下の躍進行動を促すマネジメント全般について機能不全になりやすいということだ。

　「年齢逆転マネジメント」が生み出す弊害は、さまざまな場面で表面化する。例えば、年下上司はミドル・シニア社員の年上部下に対してモヤ

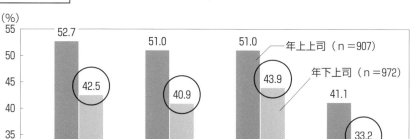

図表3－16 年下上司のマネジメント

モヤした気持ちを感じている。年下上司から見た年上部下の課題行動を
聴取したところ、「新たなスキルを習得しようとしない」「新しい仕事を
やろうとしない」といった新しい業務へのチャレンジをしないこと、そ
して、「普段の報告・連絡が不十分」といった日常的なコミュニケーショ
ンの不備が項目として上位に上がってくる［図表3－17］。

［2］ 形骸化する目標管理制度と
　　　できていないネガティブ・フィードバック

　「年齢逆転マネジメント」不全の負の影響は、目標管理制度（MBO）の
形骸化を通じて人事評価にも現れる。目標管理制度は、1990年代以降、
成果主義の模索とともに多くの企業で導入され、定着してから一定の歳
月が経過した。それまで職能資格制度では実質的に年功的な評価を下し
ていた日本企業の多くの管理職にとって、この目標管理制度そのものが
新たな試みだったといえる。

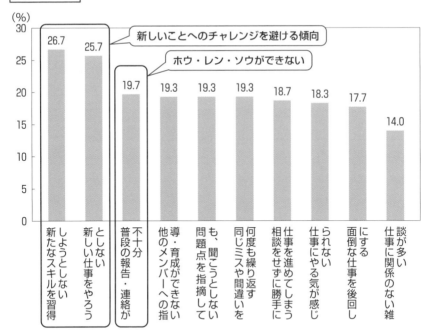

図表3−17 年上部下の課題行動

(%)

新しいことへのチャレンジを避ける傾向

ホウ・レン・ソウができない

- 26.7 新たなスキルを習得しようとしない
- 25.7 新しい仕事をやろうとしない
- 19.7 普段の報告・連絡が不十分
- 19.3 他のメンバーへの指導・育成ができない
- 19.3 問題点を指摘しても、聞こうとしない
- 19.3 同じミスや間違いを何度も繰り返す
- 18.7 相談をせずに勝手に仕事を進めてしまう
- 18.3 仕事にやる気が感じられない
- 17.7 面倒な仕事を後回しにする
- 14.0 仕事に関係のない雑談が多い

　しかし、目標管理制度、つまり個別の目標設定とそれに基づいた人事評価システムは、ミドル・シニア社員においてうまく機能していないことが多い。特に社員がベテランになるほど、目標管理制度自体が形骸化し、上司も部下も毎期同じような目標を設定してしまっているケースや、個人目標が組織全体の目標からズレてしまっているパターンなど、さまざまな課題が浮き彫りになっている。[図表3−17] で示した「新しい仕事をやろうとしない」「させられない」といったミドル・シニア社員に対しては、ストレッチの効いた目標を設定・管理すること自体が難しい状況になっている。

　また、職場において問題となるようなミドル・シニア社員についても、年下上司の多くは、年齢が上の年上部下に対して、ネガティブなフィー

ドバックや人事評価ができないことが往々にしてある。結果的に、毎期同じような評価をつけてしまったり、ハレーション（周囲への悪影響）を避けるために、甘い評価をつけてしまっているケースが多い。結局、ミドル・シニア社員の不活性化問題は、現場レベルでは感知されているものの、そうした目標設定の指導の甘さや人事評価の寛大化傾向、中心化傾向が常態化し、本人にとっても「今のままでよい」「このままでなんとかなる」というシグナルを与えてしまっている。そうした意味では、ミドル・シニア社員の不活性化問題は、人事評価を通じて「ふたをされてしまっている」ともいえる。

　そして、目標管理制度の適切な実施・運用が、上司の個人的な力量に左右されていることも、組織としては問題である。そうした上司の力量の差による人事評価のバラつきには多くの企業が課題を感じている。労務行政研究所の調査によれば、評価者の人事評価能力に対して、「バラつきがなく、ほぼ適正な評価ができている」と答えた企業は、わずか18.1％しかない[11]。

　こうした「年齢逆転マネジメント」不全は、組織の人員構成が逆ピラミッド型になってきたことによって起こる比較的新しい課題である。これまでのように上司が部下よりも年上であるという“通常”のマネジメント手法や「先輩」が引っ張っていく通俗的なリーダーシップを身に付けていても、こうした問題に対処することは難しい。管理職研修やマネジメント研修でも触れられることが少ない上に、なかなか周りに見本や手本となるようなロールモデルも見つけにくい。「年齢逆転マネジメント」は、上司にとっても部下にとっても「習っていない」「教わっていない」という新たな適応課題として、多くの現場で問題化している。

　そこで、本書では第5章において、この「年齢逆転マネジメント」不全の解決策を、具体的な部下への接し方・コミュニケーションのシナリオから組織的な支援の在り方までより詳しく解説する。

［3］「越境」機会をいかに作るか

　50代の躍進行動を促進するため、もう一つここで取り上げたいのが、就業意識を転換させる「越境」による学びである。

　ミドル・シニア社員の学ばなさ、自主的な学びの希薄さについては既に触れた [**図表1－16**]。考えなくてはならない問題の一つとして、組織内だけで通用する知識・スキルを蓄積してしまう、組織への「過剰適応」がある。しかし、現在40～50代の会社員の中には、自主的な学び・学習について「特に何も行っていない」とする割合が約5割に達する。「新たな資格取得」「大学院入学」といったスタンダードな学びの形は、相当高い学習意欲を持つ特別な層がするものになってしまっている。

　このような学びに対する意欲の欠如の処方箋として近年注目されているのが「越境的学習（Cross-boundary Learning）」だ。越境的学習とは、「自分がホームと考える場所」と「自分がアウェイと感じる場所」との間を行き来し、ホームとは異なる知識・考え方を獲得していく学びを意味する。特に近年では、職場における経験学習を中心とした職場学習（Workplace Learning）を補うものとして、こうした越境的学習の重要性が注目を集めている。OJTでは学べない経験や知識、気持ちへの刺激を職場の「外」に求める学びの在り方だ。

　例えば、「海外で働く」という体験は、最も分かりやすくイメージしやすい越境的学習だろう。国外に出れば、日本での一般的なルールややり方、ノウハウが通用しないため、必然的に新たな学びが必要になる。「留学」もまた同様に越境的学習の代表例だが、もちろん、物理的に国境を越えることだけが、越境ではない。「社外の勉強会・交流会」や「PTA、自治体活動などの地域活動」のように、会社業務を離れた組織・コミュニティに身を置く経験も学びを活かす行動を高める上ではポジティブに作用する。NPOでの活動やいわゆるプロボノ（職業で得たスキルを活かすボランティア活動）、会社がお膳立てしたわけではない自主参加の研修や、資格取得を目的として教室などに通うのも越境的学習の一形態といえる。

　こうした越境の機会を多く作っていくことは、ミドル・シニア社員の
マインド・チェンジに必要な「広い視野での居場所づくり」の一環でも
ある。同じ場、同じ職場、同じ職域にこもりがちな人間関係は、しばし
ばハレーションを引き起こす。そうした意識や人間関係に一石を投じる
ためにも、「越境的学習」はミドル・シニア社員にこそ活かしたい学びで
ある。

　しかし、近年、こうした「越境的学習」の議論が一般に広まるにつれ、
幾つかの誤解も生まれているようだ。

　一つ目は会社の外に出ることのみが越境だという限定的な理解である。
「社外に出ること＝越境」という理解はミスリーディングだ。例えば社内
の「新規事業立ち上げ」なども、通常のメンバーだけではなく、社内外
の新たなパートナーとの連携が必要になる。これも、日常の職場の「外」
に出るという意味では越境体験といえる。ほかにも、複数部署をまたい
だ組織や業界横断型のプロジェクト、労働組合での活動などにも越境的
な側面はある。

　越境的学習の本質は、「社内か社外か」という対立軸にあるのではな
く、快適な空間（コンフォート・ゾーン）を抜け出し、ある種の居心地
の悪さを味わいながらも、それまでの知識や経験が通用しない、不慣れ
な空間に身を置くことにある。また、既に見たナラティブ・アプローチ
の文脈でいえば、支配的なストーリーを、見方を変えて描かれる「オル
タナティブ・ストーリー（もう一つのストーリー）」へと変えていくとい
う語りの転換を必然的に伴う。

　二つ目は、学習の自己目的化だ。「越境する」「学ぶ」ことそのものが
目的になってしまう人が多い。「本業に活かす」という観点がないと、越
境は単なる「ガス抜き」に転じてしまう。ホームを他の場に作ることと、
ホームとアウェイを往還することは意味が異なる。法政大学大学院　政策
創造研究科の石山恒貴教授の研究では、本業への不満に基づいた越境は、
むしろ本業にマイナスの効果を与えてしまうことも分かっている[12]。「越

境」を単なるはやり言葉で終わらせないためには、こうした実直な研究や実践を積み重ねる必要がある。

　さて、人事管理において、こうした「越境」の機会はいかにして与えられるのだろうか。

　「越境」を物理的脱出のような狭いものと捉えず、「ホームとアウェイを往還する」ことにポイントを置けば、人事管理の中に仕掛けを作っていくことはそんなに難しいことではない。伝統的に日本企業が行ってきた出向や異動による配置転換は、戻ってくるメインの職域さえあれば、広義の越境機会ともいえる。それ以外にも社内公募制度や社内FA制度をまさに越境の機会として、中高年層対策として導入する企業も目立ってきている。また、メインの部署への所属は維持したまま、就業時間の何割かを別の部署で働く「留職」「ダブル・ジョブ」といった施策も幾つかの企業で実施されている。

　むろん、研修・教育のパッケージとしても、NPOや他組織との協働プロジェクト、地方自治体と連携した地方創生型のプロジェクトなど、社員を「いつもとは違う場」へ「越境」させるやり方は多い。「越境的学習」と身構えて堅苦しく捉えさえしなければ、既存の人事施策の中に越境の機会はさまざまな形でビルトインできる。

　何気ない越境の機会によって、「もう活躍の場が見いだせない」と自他ともに考えているミドル・シニア社員が新たなフィールドを見つけることも往々にしてある。そうした「いつもとは違う場」を提供することで躍進行動を刺激し、結果的に企業内部の「いつもの場」でより活躍を目指してくれるような意欲や意識が醸成できれば、人事施策として成功である。

　50代の、特に若いころから長時間労働をしてきた男性は越境の機会が少なく、趣味や人間関係が広がらずに、定年退職後に「何もすることがない」という状態に陥ってしまう人も多い。越境的学習で得られる仲間や経験、考え方の広がりは、組織への「過剰適応」を防ぐだけでなく、

職業人生の「その後」にとっても必ず活かされるはずだ。本書で取り上げてきたミドル・シニア社員の不活性化問題は、組織・企業の人事管理上の問題を超えて、長い職業人生を歩んできた一人ひとりのキャリア、そして生き方そのものに密接に関わっている。

1　宮川努. 生産性とは何か―日本経済の活力を問いなおす. 筑摩書房. 2018.

2　森川正之. "企業の教育訓練投資と生産性". RIETI Discussion Paper Series. 2018, 18-J-021.

3　山本寛. 昇進の研究. 創成社. 2001., 加藤一郎, 鈴木竜太. "30代ホワイトカラーのキャリア・マネジメントに関する実証研究：ミスト＝ドリフト・マトリクスの視点から". 経営行動科学. 2007, vol.20, no.3, p.301-316.

4　Bruno S. Frey and Reto Jegen. "Motivation Crowding Theory". Journal of Economic Surveys. 2001, vol.15, no.5, p.589-611., Robert Gibbons. "Incentives in Organizations". Journal of Economic Perspectives. Fall 1998, vol.12, no.4, p.115-132.

5　Wanous, J. P. Organizational Entry: Recruitment, Selection, Orientation, and Socialization of Newcomers (2nd ed.). Prentice-Hall. 1992.

6　金井壽宏. "エントリーマネジメントと日本企業のRJP 指向牲：先行研究のレビューと予備的実証研究". 神戸大学経済学研究年報. 1994, p.1-66., 金井壽宏. "新々人事戦略 生き残りのための着手着眼 採用時のRJPの重要性‐‐人生の転機にある者に真実の情報を示せ". 経営者. 2001, vol.55, no.4, p.87-89. など

7　Savickas, M. "Career Counseling". American Psychological Association. 2011. (マーク・L・サビカス. サビカス キャリア・カウンセリング理論. 日本キャリア開発研究センター監訳, 乙須敏紀訳, 福村出版. 2015.)

8 Lewis, K. "Knowledge and Performance in Knowledge-worker Teams: A Longitudinal Study of Transactive Memory Systems". Management Science. 2004, vol.50, no.11, p.1519-1533.

9 野中郁次郎, 竹内弘高. 知識創造企業. 梅本勝博訳, 東洋経済新報社. 1996.

10 石山恒貴. "実践共同体のブローカーによる、企業外の実践の企業内への還流プロセス". 経営行動科学. 2013, vol.26, no.2, p.115-132., 石山恒貴. "企業内外の実践共同体に同時に参加するナレッジ・ブローカー（知識の仲介者）概念の検討". 経営行動科学. 2016, vol.29, no.1, p.17-33.

11 労務行政研究所. "人事評価制度の最新実態". 労政時報. 2014, no.3873, p.78-95.

12 石山恒貴. "副業を含む社外活動とジョブ・クラフティングの関係性：本業に対する人材育成の効果の検討". 日本労働研究雑誌. 2018, vol.60, no.691, p.82-92.

第**4**章

役職定年制の功罪と運用の留意点

1 役職定年制の実態

[1] 役職定年制とは何か

　中高年層を対象とした企業の人事施策の一つに「役職定年制」がある。役職定年制は、企業内での管理職ポストに就いている主に50歳以上かつ定年前の役職者について、一定年齢に達した時点で管理職ポストから外し、専門職や役職なしのポストへ移る制度のことである。就業規則に定めていない企業も含め、非公式な形でも実施されている。実質的にほぼ類似の制度として、「ポストオフ」や「ラインオフ」といった呼称でも実施されているが、本章では「役職定年」と呼ぶこととする。

　最初に、企業における役職定年の実施率を確認しておこう。役職定年は、55歳から60歳への定年延長を契機として組織高齢化に伴うポスト不足に対応するために、80年代から90年代にかけて一般化していった。[図表4－1] で見るように、2000年に入って以降やや数値は低下・横ばい傾向ではあるものの、バブル期入社層や団塊ジュニア世代が50歳前後となる中で現在も多くの企業が実施しており、その在り方が模索され

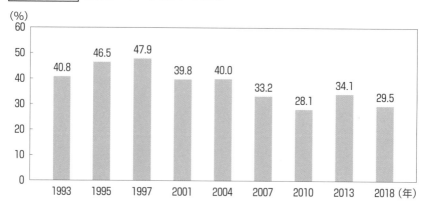

| 図表4－1 | 役職定年の実施率の推移

資料出所：労務行政研究所「人事労務諸制度実施状況調査」より筆者作成

ている。また、規模の大きい企業のほうがより実施率が高い傾向にあり、日本生産性本部「日本的雇用・人事の変容に関する調査」においては、2013年の実施率は38.9％となっている。[**図表4－2**]に示した独立行政法人高齢・障害・求職者雇用支援機構の2017年の調査でも、1001人以上の企業では、役職任期制と合わせて59.4％の社員が「導入されている」と回答している。また、後に見るように、役職定年は人事制度としてオフィシャルな形で制度化されていなくても、インフォーマルな形でも一定の年齢で役職を降りるという慣行は広く見られる。

　[**図表4－2**]を見ると、役職定年の導入率は、情報通信業で52.8％、金融・保険業＋不動産業、物品賃貸業で47.6％、製造業で45.8％と高い一方、運輸業、郵便業では27.4％と、業界による導入率の差も大きい。

［2］　役職定年はなぜ必要か

　役職定年については、その一律的な処遇の在り方や当事者の就業意識への負の影響などが指摘され、以前から見直しや廃止を模索する声も根強い。そもそも、なぜ多くの日本企業で役職定年が必要なのだろうか。雇用システムの特徴と関連づけつつ、改めて確認しておこう。

　第2章では、中高年層の人事管理を論じる上で重要な日本企業の特殊性について、以下のように整理した。

①人材の市場流動性の低さ

②「ヒト基準」で運用される職能主義的な格付け・評価制度

③広く、長い「組織内昇進」の機会の付与

　これらの特徴は、職務内容にかかわらず高い評価を得れば管理職まで出世できるという「広範な昇進期待」と、正社員であれば安定して雇用され続ける「安定雇用期待」、勤め続けるほど高い処遇へと賃金が積み上がっていくという「年功的賃金期待」の三つの「暗黙の期待（心理的契約）」を生み、大卒者の急増とともに日本企業に広く定着した。

　分かりやすく言い換えれば、新卒一括採用という未経験入社を前提と

勤務先の「役職定年制」「役職任期制」の導入状況

－（社）、％－

		全　　体	現在、導入されている（過去、導入されていた）	導入が検討されている	検討も導入もされていない
合　　計		6,181	39.8	11.3	48.9
業　種	鉱業＋電気・ガス・熱供給・水道業＋その他	267	39.7	12.4	47.9
	建　設　業	536	28.4	12.3	59.3
	製　造　業	2,416	45.8	10.8	43.3
	情報通信業	496	52.8	10.7	36.5
	運輸業、郵便業	391	27.4	14.1	58.6
	卸売・小売業＋飲食サービス・宿泊業	705	32.6	11.1	56.3
	金融・保険業＋不動産業、物品賃貸業	487	47.6	11.9	40.5
	医療・福祉＋教育学習支援業＋サービス業	883	30.1	10.5	59.3
従業員規模	50 人 以 下	1,223	10.6	8.0	81.4
	51 ～ 300 人	1,517	30.4	11.6	58.0
	301 ～ 1,000 人	1,006	44.9	12.9	42.1
	1,001 人 以 上	2,371	59.4	12.2	28.3

資料出所：独立行政法人高齢・障害・求職者雇用支援機構「65歳定年時代における組織と個人のキャリアの調整と社会的支援─高齢社員の人事管理と現役社員の人材育成の調査研究委員会報告書」（平成30年度、［図表4-8］も同じ）

［注］　1.　役職定年制…一定年齢に達した時に役割を解く制度や仕組み
　　　　2.　役職任期制…管理職の役職を一定期間で改選することを前提にこの期間の業績を厳しく管理し、任期末に管理職としての適・不適を審査し、再任、昇進、降職、他のポストへの異動などを行う役職への就任年数を限定する制度

して、同一年次の入社者に「同期」という成員の疑似共同体を形成しつつ、その同期を中心としたわずかな差を巡る「組織内の出世競争」を10年、15年と長く継続する。こうした雇用システムの下で、柔軟な職務の割り当てや高い組織への貢献意欲、人材の長期的な企業内熟練を導いて

きた。安定成長期の日本企業が「ジャパン・アズ・ナンバーワン」と国際的にも注目され称賛されたのも、こうした人事労務管理の特殊性ゆえである[1]。

　こうした日本型雇用の特殊性によって、役職定年の必要性も生まれてくる。まず、役職定年の組織的な機能を二つの側面からまとめておこう。

　安定雇用における年功的処遇によってインセンティブを与え続ける仕組みは、長期雇用する社員が多くなるほどに、必然的に総人件費の上昇を招く。役職定年の機能の一つは、その上がりすぎた高齢管理職の賃金を一律にカットし、総人件費を抑制するという経済的な機能である。

　二つ目は、若い世代の登用のためにポストを空けるという「組織の新陳代謝機能」である。人材の市場流動性の低い日本は、特に管理職ポストを放置しておくと同じ者が長く滞留することになる。すると、組織の意思決定も古い方針のまま温存されるとともに、いつまでも役職者になれないことで次世代の若年層の昇進期待に応えることができず、士気が低下しがちになる。それらの弊害を防ぎ、組織全体の新陳代謝を定期的に促進することが、役職定年の機能として期待されている。

　こうして、日本型雇用の①人材の市場流動性の低さ、②「ヒト基準」で運用される職能主義的な格付け・評価制度、③広く、長い「組織内昇進」の機会の付与が、役職定年の必要性を生み、役職ポスト不足の圧力や組織高齢化によって一般的なものになっていった。

　現在、❶人件費の抑制と、❷組織の新陳代謝という二つの機能を有する役職定年は、既に定着して数十年が経過している。その間、幾つかの調査・研究が蓄積されてきたが、そのほとんどが企業における制度実態の把握であり、実際に役職定年が適用された当事者の意識・行動変化といった重要なデータがまったくと言っていいほど蓄積されていない。そこで、パーソル総合研究所では、法政大学大学院 政策創造研究科の石山恒貴教授とともに、役職定年当事者300人を対象とした「ミドル・シニアの躍進実態調査」を実施し、その解明に努めた。以下では、その調

査結果を中心として、社員側の意識・行動も含む役職定年の総合的な実態を議論していきたい[2]。

　先回りして述べれば、「年齢」という能力・経験・スキルとは異なる基準で役職を降ろす役職定年は、当事者に急激かつ納得性の低いトランジション（移行、変化）を強制しており、人的資源管理の施策としては「強硬策」といえる。

［3］　役職定年の実施状況

　まずは、役職定年を経験した年齢だが、企業の公的な制度による役職定年と、非公式の慣行的な役職定年に分けて調査した結果が**［図表4-3］**である。制度によるものは55歳が半数近くに上っており、一つの目安として「55歳」という年齢があることが分かる。ただし、非公式な役職定年は50歳から広く分布しており、バラつきが大きい。

　また、制度によるものと非公式な役職定年の比率は、おおよそ6：4となっており、参考値ではあるが、非公式の役職定年も多く存在していることがうかがえる[3]。

　次に、年収の変化を確認しておこう。先述のとおり、役職定年の機能の一つに「上昇しすぎた年功的賃金を下げる」という総人件費の抑制がある。平成19年の人事院の調査によると、役職定年後に年収が「下がる」と回答している企業は82.5％を占めている**［図表4-4］**。パーソル総合研究所の調査でもほぼ同じ数字が出ている。

　年収ダウン率は平均で23.4％である**［図表4-5］**。70％以下の水準へ変化した者、つまりそれまでの3割以上の報酬がカットされた者は34.0％にも達する。この下落率を見れば、役職定年の主たる機能のうち、総人件費を抑制するという経済的な機能についてはかなり達成できていると見てよいだろう。多くの企業では、60歳定年後の再雇用制度においても大幅な賃金カットを実現するため、役職定年と再雇用の二段構えで中高年社員の賃金を下げていることになる。

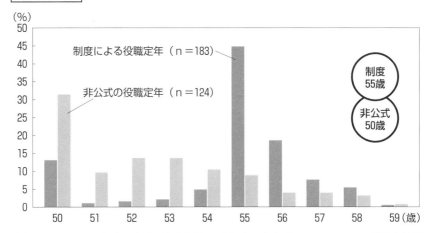

図表 4 － 3　役職定年の実施年齢

資料出所：パーソル総合研究所／法政大学　石山恒貴研究室「ミドル・シニアの躍進実態調査」（2017年、［図表4－5～7、9～13、15～18］も同じ）
［注］　調査要領は下記のとおり。
　　　・調査方法…調査会社モニターを用いたインターネット調査
　　　・調査協力者…以下の要件を満たすビジネスパーソン：300人
　　　　　　⑴　従業員300人以上の企業に勤める50代の男女
　　　　　　⑵　正社員
　　　　　　⑶　年齢を基準に役職を退任した経験がある
　　　・調査日程…2017年5月12～14日

図表 4 － 4　課長級の役職定年制がある企業における
　　　　　　役職定年後の年収水準別企業数割合

－％－

項　目 企業規模	計	変わらない	下がる	約75～99%	約50～74%	約50%未満	不　明
規　模　計	100.0	8.8	82.5	(78.2)	(20.4)	(1.4)	8.8
500 人 規 模	100.0	11.2	86.1	(80.6)	(18.1)	(1.3)	2.7
100 ～ 499 人	100.0	10.4	81.5	(80.2)	(18.5)	(1.3)	8.1
50 ～ 99 人	100.0	3.6	82.2	(72.2)	(26.1)	(1.6)	14.2

資料出所：人事院「平成19年民間企業の勤務条件制度等調査」
［注］　（　）内は年収水準が下がると回答した企業を100とした割合。

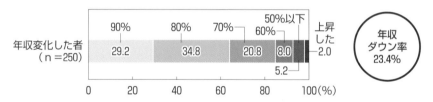

図表4－5 役職定年後の年収の変化率

年収変化した者
（n＝250）

90%	80%	70%	60%	50%以下	上昇した
29.2	34.8	20.8	8.0	5.2	2.0

0　　20　　40　　60　　80　　100(%)

年収ダウン率
23.4%

2　役職定年当事者の行動・意識変化

［1］役職定年によって、当事者の何が変わるのか

　では、役職定年当事者の日々の働き方は、役職定年前後でどのように変わるのだろうか。より当事者の経験に寄り添ったデータ（複数回答）を基に記述しよう ［図表4－6］。

　役職定年によって、最も変化していたのは先述した「年収」で83.3％に達している。企業によっては賃金の大幅な下落を避けるために賃金を調整するケースもあり、残りの17.7％の中にはそうした企業の社員も含まれるだろう。変化した割合の高い2位以下には、「部下人数」が77.7％、「上司」が72.0％と、職場で関わる人の入れ替わりも大きい様子が分かる。

　また、注目したいのは「仕事内容」の変化が58.3％と、その他の変化と比べてやや数値が落ちることだ。年収や職場で関わる人は変化しても、仕事内容自体は以前と変わらない者が一定数いるということになる。仕事内容が変わらないのにもかかわらず、処遇を下げることが人事管理の論理として正当化されているというのは、日本企業において同一労働同一賃金の原則を貫徹することの難しさを示していて興味深い。

　［図表4－7］は、役職定年後の実質的な仕事の変化（複数回答）をさらに詳細に聴取したものである。最も大きい変化として、「会議に呼ばれることが少なくなった」が41.0％の回答を集めた。その後、「社内の情報が入ってこなくなった」が35.7％、「勤務時間が短くなった」が34.7％と

図表4－6 50代役職定年経験者における役職定年に伴って
変化した内容（複数回答）

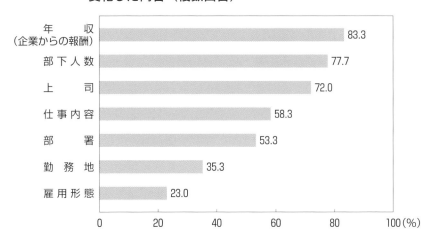

年収
（企業からの報酬）　83.3
部下人数　77.7
上司　72.0
仕事内容　58.3
部署　53.3
勤務地　35.3
雇用形態　23.0

図表4－7 役職定年後に変化した事柄（複数回答、「あてはまる」
「ややあてはまる」と回答した割合の合計）

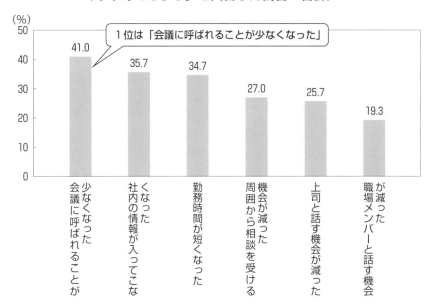

1位は「会議に呼ばれることが少なくなった」

会議に呼ばれることが少なくなった　41.0
社内の情報が入ってこなくなった　35.7
勤務時間が短くなった　34.7
周囲から相談を受ける機会が減った　27.0
上司と話す機会が減った　25.7
職場メンバーと話す機会が減った　19.3

続く。これまで組織内のコミュニケーション・ネットワークの中心にいた役職者が、その外部に置かれたことが明白に現れている。「周囲から相談を受ける機会が減った」「上司と話す機会が減った」も25％以上の者が回答しており、それまでの役職と権限に紐づいていたコミュニケーションが変化・減少する傾向が明らかになっている。

　つまり、役職定年によって、役職ポストから降り、会議には別の者が出るようになり、組織内のコミュニケーションの中心が他の社員に移っていることが確認される。そうした意思決定の権限委譲が起こっているということは、若年層へポストを空けるという人材の新陳代謝機能も、やはり果たしているということになろう。独立行政法人高齢・障害・求職者雇用支援機構の調査によると、役職定年当事者がその役職に就いていた期間は平均で138カ月を超える［**図表4－8**］。11年以上も当該ポストに就いていたことになり、役職定年によって、かなり長期間にわたって占められていたポストが空くことになる。

図表4－8 経験者が対象となる役職を降りた年齢・対象となる役職に就いていた期間

		全 体 (人)	対象となる役職を降りた年齢（歳）		対象となる役職に就いていた期間（カ月）	
			平 均 値	標準偏差	平 均 値	標準偏差
合　　計		316	54.0	3.3	138.3	76.9
従業員規模	300 人 以 下	71	54.0	3.5	121.6	79.0
	301～1,000人	70	53.7	3.8	156.3	85.5
	1,001 人 以 上	173	54.1	3.1	137.9	71.0
就いていた役職	役員＋部長	71	54.4	3.7	93.3	52.8
	次長＋課長	206	54.0	3.0	150.1	76.0
	係長・主任・現場監督者	36	53.5	3.9	160.9	88.4

［注］　「役職定年制」「役職の任期制」の経験者（316人）の回答。

　ここまで見た実態によって、役職定年は❶年功的な賃金カーブを下げ、総人件費を下げることと、❷ポストを空け若年層を登用する余地を創出し、組織の新陳代謝を図ることに対して、狙いどおりの機能を果たしているといえそうだ。

　しかし、そうした機能を役職定年の功罪のいわば「功」の部分だとすると、人的資源管理としては「罪」とも呼べる大きなデメリットも存在している。特に、現在の高齢社員の動機づけの観点からは、組織運営上の大きな課題を生み続けている。役職定年の問題は、その機能を果たすがゆえの「副作用」とも呼ぶほうが正確である。要点のみ先述すれば、「年齢」という能力・経験・スキルと直接紐づかない基準で役職を外す役職定年は、人的資源管理の手法としては極めて強いデメリットを生んでおり、論理矛盾を内包した「強硬策」である側面が否めない。

［2］役職定年が抱える構造的「矛盾」

　役職定年のデメリットとはどういったものだろうか。

　前述したように、役職定年は、長期雇用の下、社員の士気を維持するために昇進ポストを用意することで動機づけを引き出す雇用管理の仕組みということがいえる。そして、まさにこの点に、役職定年の「矛盾」が露呈する。当事者の意識にも深く関連するので詳述しておこう。

　年齢に紐づく能力主義管理が正当化されてきた理由の一つとして、「社員が保有する能力・スキルの程度は、経験年数と正の相関関係にある」という蓄積型の論理がある。就業年数が重なるほど業務の習熟が促されるとともに、組織内の特殊知識も蓄積される。近年は、とりわけICTの発展や人工知能技術の発達によって、スキル・技術が陳腐化する速度は加速しているが、そもそも陳腐化するような専門スキルを持った人材が少ない日本企業にとって、この「蓄積」のロジックは、人事管理の原則としては、いまだに通奏低音（編注：表面には現れないが一貫してその物事に影響を及ぼし続けている要素）のように機能し続けている。

特定職務と紐づかない「能力」が軸になるからこそ、この「蓄積」は説得力を増す。社員側においても、この蓄積の論理は、「昨年より今年、今年よりも来年」と徐々に処遇を上げてほしいとする期待の前提としても認識されている。

　役職定年が持つ「矛盾点」の一つは、この蓄積のロジックと正面から相反することだ。役職定年は、「年齢」という人の生体的基準によって役職から降ろすが、職務遂行能力は、一定の年齢でいきなり失われるものではない。役職定年「前」と「後」で急に変わることもなく、むしろ蓄積はさらに重なり続けている。

　もう一つの矛盾は、「昇進期待」という動機づけとの不一致である。日本では「組織内昇進」がインセンティブの源泉として重要になる職能型の雇用慣行の下、社員の士気を保つために、経済成長期を通じて管理職の割合が増えていった経緯がある。担当課長、担当部長や部下なし管理職といったポストを設けることによって組織内貢献、成果創出の動機づけを引き出してきた。

　こうして根付いてきた「広範な昇進期待」と「年功的（蓄積的）賃金期待」の二つの期待を、役職定年はともに裏切ることになる。これら矛盾は人事管理の戦略上の一貫性の欠如である。だからこそ、社員にとっても納得が得られにくく、かつその後の就業生活にも大きな影を落とす。役職定年の矛盾は、日本の雇用慣行が内包するアンビバレンツ（編注：相反する機能を同時に有すること）そのものであり、単に組織の「高齢化」が必然的に起こす問題ではないことは理解されるべきだ。

［3］役職定年によって引き起こされる就業意欲の低下
　我々の調査データからも、役職定年後の状況はやはり社員にとっても相当な「ハードランディング」を起こしていることが分かる **[図表4−9]**。
　変化した意識・行動として、「重要な仕事は若手や中堅メンバーに譲るようにしていた」「自分にどんな役割が求められているのか、よく分から

なかった」「新しいことに挑戦しなくなった」が上位に並ぶ。

　もう少し抽象度の高い、就業意識の変化を見ても、仕事に対するやる気・モチベーションの低下は、37.7％もの社員に見られる［図表4－10］。「自分のキャリアと向き合う機会になった」「プレッシャーがなくなり、気持ちが楽になった」も30.3％と高いが、結局、「今まで取り組めなかったことをやる気になった」という仕事への前向きな心理状態は20.7％の回答にとどまっていた。前掲した独立行政法人高齢・障害・求職者雇用支援機構の調査においても、仕事に対する意欲が「下がった」（大幅に下がった＋ある程度下がった）が59.2％となっており、同様の傾向が確認されている。

　職務主義ではなく職能主義の雇用管理は、その逆機能として、動機づけの源泉を「昇進・昇格期待」に限局する傾向にある。つまり、昇進・

図表4－9 役職定年後に変化した意識・行動（複数回答、「あてはまる」「ややあてはまる」と回答した割合の合計）

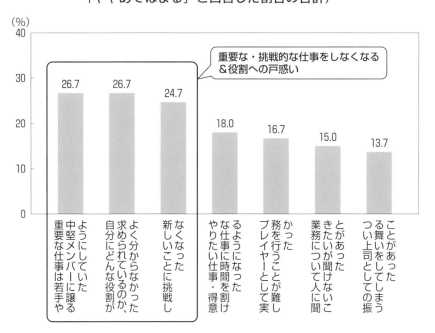

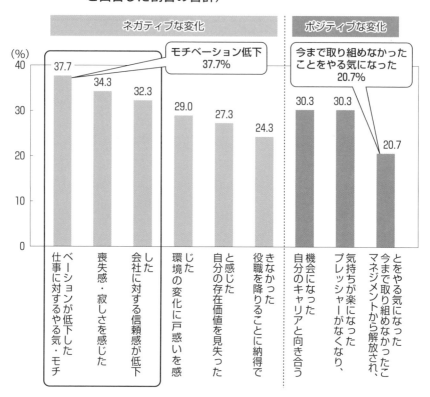

図表4−10　仕事への意識の変化（「あてはまる」「ややあてはまる」
　　　　　　と回答した割合の合計）

昇格のコースから外れ、その期待が失われたとき、それを補填（ほてん）するよう
なその他のインセンティブや動機づけの源泉を持たない社員は多い。職
務そのものへの意欲や、専門性の向上といった内発的動機づけが存在し
ないまま、役職定年によって「外的ラベル」を剥奪されることの影響は
極めて大きい。

　次に、役職定年当事者の「年収」の減少について述べよう。年収が大
幅に下がることは、当然、当事者の家庭生活への影響が大きい。しかし
ながら、ここで述べている動機づけの観点からは、その意欲の降下幅を

比べてみても、「年収の下がり幅」による差は確認できなかった。つまり、大きな年収ダウンだろうが、小幅な年収ダウンだろうが、意欲の低下の幅はそれほど変わらないということだ。上級管理職の組織コミットメントを定量的に調査したフェルドマンらの研究でも、組織コミットメントの低下には「降格」と「能力活用不十分」が影響を与えており、「減給」は有意な影響を与えないことが実証されている[4]。調整給などで役職定年直後に給与が大きく減少しないような配慮を行う企業もあるが、当事者の「モチベーションの維持」という面では、施策の効果はさほど期待できないことが示唆される結果だ。

　むしろ、意欲を大きく左右する変化は、役職定年前の部下人数である。役職定年前に管理していた部下の数が多ければ多いほど、意欲の低下の幅は大きくなり、強い戸惑いを感じていることが分かる [図表4−11]。部下の数が10人未満だった者よりも、50人といった大規模組織を率いていた管理職のほうが、より環境変化が大きく、喪失感や寂しさなどのやりがいの低下を招いている。やはり、心理状態に与える影響が大きいのは、組織構造の中心からの「脱落」である。例えば、自由記述で寄せられた当事者からの声を抜粋すると、以下のようなものがある。

- 現行の職制上、役職定年の55歳以降は、いくら頑張っても昇級・昇格がなく、役職定年到達時の職位に応じた処遇が、定年（60歳）まで続くことには甚だ疑問を感じる
- 同期でトップ出世を果たしてきたのに、なぜ役職を剥奪されるのか。疑問と喪失感で夜も眠れない日が続いた

　このように管理職まで昇進した者の多くに、役職定年による就業意欲の大幅な低下と企業への信頼感の喪失が見られる。また、影響は当事者だけにとどまらない。非当事者である若年層もまた、職場において役職定年当事者の意欲喪失に端を発する言動を目の当たりにすることになる。このような状況は、組織全体のコンディションや、労働生産性にも大きなマイナスの影響を与えることは容易に想像できる。

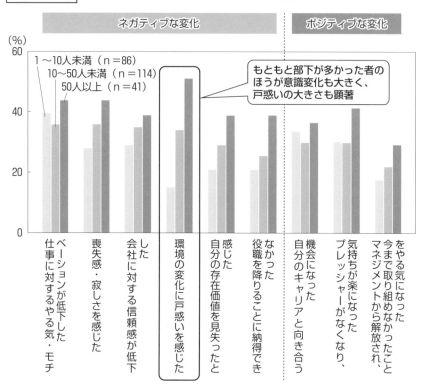

図表4-11 部下の人数別に見た役職定年後の変化

ネガティブな変化　　　　　　　ポジティブな変化

(%)

1〜10人未満（n＝86）
10〜50人未満（n＝114）
50人以上（n＝41）

もともと部下が多かった者の
ほうが意識変化も大きく、
戸惑いの大きさも顕著

ベーションが低下した仕事に対するやる気・モチ

喪失感・寂しさを感じた

した会社に対する信頼感が低下

環境の変化に戸惑いを感じた

感じた自分の存在価値を見失ったと

なかった役職を降りることに納得でき

機会になった自分のキャリアと向き合う

気持ちが楽になったプレッシャーがなくなり、

をやる気になった今まで取り組めなかったことマネジメントから解放され、

3　役職定年後も活躍し続けるために

[1]「積極的に考えない」当事者の備え

　前述のような当事者のモチベーションの低下を避けるためにはどうした
らよいだろうか。例えば、「予防」の観点で考えてみよう。当事者が、こ
の大きなキャリアの変化を予防し、事前に対策できれば、ショックは緩和
されるかもしれない。では、現状、こうした役職定年に対して、当事者で
ある中高年層はどのように備えているのだろうか。実態を確認してみよう。

　[図表4-12]は、役職定年前に行っていた準備に関するデータであ

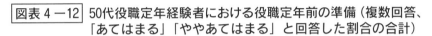

図表4−12　50代役職定年経験者における役職定年前の準備（複数回答、「あてはまる」「ややあてはまる」と回答した割合の合計）

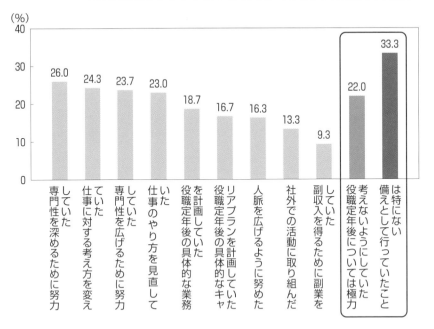

る。最も準備していた割合の高い行動は「専門性を深めるために努力していた」で、26.0％となっている。以下、「仕事に対する考え方を変えていた」24.3％、「専門性を広げるために努力していた」23.7％と続く。

　ここで着目すべきは、「備えとして行っていたことは特にない」が33.3％と3人に1人の割合となっている点と、22.0％が「極力考えないようにしていた」と回答している点である。しかも、この準備行動は、役職定年が1年前から知らされていようが、直前に知らされようが、ほとんど変わっていないことも同時に明らかになっている。

　つまり、役職定年当事者のうち、積極的に準備行動を起こしているのは一部にとどまり、多くの者は準備が十分でない中で役職定年を迎えている。さらに、人事部から役職定年の適応告知を早めたところで、社員

自身のマインドの構えが変わっていない限り、準備行動を引き起こせない可能性が示唆されている。今見てきたように、多くの役職定年当事者は「見て見ぬふり」のような思考をしている。

　これは、精神分析的な表現を借りれば、まるで「防衛機制」と呼ばれるような事態だ。高い蓋然性で到来することが予想されるネガティブな事象に対して、「考えたくない」「直視したくない」という心理が役職定年当事者に働いている。さらに、現在の管理職はプレイングマネージャー化が進み、ハラスメント防止への対応やコンプライアンスへの遵守意識の強化など中間管理職の負荷は極めて高い。目の前の業務が常に積み上がっている状況下では、来るかもしれない未来を直視しないとしても不思議ではない。

　この点に関して、もう一つ役職定年の運用上のリアリティから指摘できるのは、役職定年にしばしば「例外」が設定されることの問題である。企業人事も、特に高い成果を出している人材に対しては、役職定年を適用せず、継続的な活躍を希望する。また、その管理職ポストを空けたとしても、後任に適切な人材を配置することが困難な場合もある。年度によっては、該当する人材が多かったり、少なかったりと変動する場合もあるし、制度というよりインフォーマルな形で慣行的に行われている企業も多い。『労政時報』の事例[5]でも示されたとおり、役職定年は年齢基準の一律性を持つ制度であるにもかかわらず、その運用は一定のフレキシビリティを持っており、特殊な技能の保持者や余人をもって代え難い能力の保有者、適当な後任者がいないケースでは「例外者」が発生するのが現実である。

　この抜け穴は、仮に役職定年の制度的事実を認識していたとしても、「自分は大丈夫だろう」「自分は適応されないかもしれない」という予想が生まれる余地を作り出してしまっている。キャリアの成功者、勝ち組という意識を持ちやすい管理職において、成果を出している人材ほど、その傾向が強くなるだろう。

　いずれにせよ、自身のキャリアを中長期的に見つめ、役職定年に対しての準備を自発的に・積極的に作り出すということは、役職定年当事者にとってなかなか困難な課題だということだ。スムーズなトランジションのためには、事前の準備から、組織的な介入・支援の在り方が模索されなければならない。

　準備状況について、もう一段深く見ていこう。役職定年後のイメージとして、年収や上司、勤務地などと比べて、「仕事内容」が最もイメージできていないという結果が示されている［図表4－13］。端的に言えば「何をするか」が分かっていないのである。［図表4－9］においても、「自分にどんな役割が求められているのか、よく分からなかった」という回答割合が高かったことと合わせて考えれば、役職定年というのは「次に何をすればよいのか分からない」状態で始まってしまっており、ここにも、役職定年の運用上の課題が浮かび上がっている。

［図表4－13］ 50代役職定年経験者における役職定年後のイメージの有無

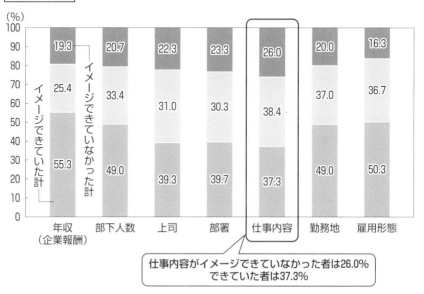

【コラム　行動経済学から見た「役職定年」】

　役職定年にまつわるこうした状況をより深く理解するために、別の観点から補助線を引いておこう。年功的賃金カーブの解消というのは、日本の経営層の多くが1950年代から変わらず抱いてきた願望である。とりわけ、90年代後半からの成果主義の模索においては、目標管理制度、役割等級制度、給与に占める業績・成果給の構成割合の増加、早期選抜の推進など多様な人事施策の改変によって、徐々に賃金カーブは緩やかになってきたし、役職定年もそうした「賃金カーブの適正化」施策の一つとして位置づけられる。

　だが問題は、人材が「フロー」としてだけでなく、「ストック」としての性格も有している資源であることだ。つまり、既に長期にわたって同一企業で働いている社員にとっては、役職定年のような賃金カーブの是正というのは、上述のように「下がる」という動態的変化を伴う。

　そして近年、行動経済学の知見が明らかにしてきたように、処遇が現在の水準よりも「下がる」ことの効用は、同じ幅の処遇の「上昇」の効用と同じ価値ではない。そうしたことを数理的に表現したのが、カーネマンらのプロスペクト理論で示された「損失回避」の傾向である [図表４−14][6]。

　プロスペクト理論によれば、現在の生活水準や処遇水準を前提としたときに、「下がる」ということは相対的に大きい意味を持ち、大きな喪失感覚をもたらす。簡単に言い換えれば、報酬が「上がらない」や「上がり幅が少ない」といった状況と比べて、一度上がった水準から報酬が「下がる」という事態は、たとえ金額上は同じ額だったとしても相対的に大きい意味を持つということだ。

　しかも、中高年層にとって、処遇の「準拠集団」（＝規範や評価の基準となる人的集団）は、それまで差をつけていたはずの「同期」であることも多い。社会学では「相対的剥奪」として知られる概念であるが、同期や職場内メンバーの間の「相対的なポジショニング」によって動機づけられていた競争意識が、急にはしごを外されることになってしまう。

　こうした補助線を引くことで、成果・業績給の構成割合の増加や、定期昇給の見直し・撤廃といった「上がりにくく」する施策と、役職定年がもたらすものの違いが明確になる。昇給幅の減少、成果への厳密さは、多くの社員にとっては「上がらない」という「変化のなさ」や「上がりにくさ」をもたらすだけである。しかし、役職定年は、当事者の処遇を一度上げておいて、そこから大

幅に「下げる」ことで賃金カーブを下降させる。組織において賃金カーブを下げるという伝統的な経済モデルでは同様の効果をもたらす制度であっても、プロスペクト理論の視点から見れば、当事者の意欲への影響は役職定年のほうがより強い意欲喪失をもたらすだろう。

　また、プロスペクト理論が示すもう一つの「確率加重関数」の理論は、先ほど見た、役職定年のことを「積極的に考えない」当事者心理をうまく説明する。確率加重関数の理論とは、客観的確率と主観的確率の間には乖離があることを示したものだ。例えば、80％、90％という高い確率のことを、人は主観的により低く感じ、逆に10％や20％といった低い確率のことを、主観的により高く感じる傾向がある。つまり、人は、幾つかの選択肢を吟味する際、もたらされる結果の客観的確率に心理的な「重み」をつけて（確率加重関数によって変換して）主観的な重みで意思決定を行うというものだ。

　このことに従えば、役職定年の「適用除外」になる可能性が10％や5％といった少ない確率だったとしても、当事者はそのことを過剰に評価し、自分が適用除外になるという少ない可能性に賭けてしまい、事前準備を怠るということが考えられる。

　行動経済学の知見は合理的な経済学や企業の合理性では捉えにくい心理的な変数をモデルに取り込み、今や多くの蓄積がなされている。企業の人事施策もそういった知見を参照することでヒントが得られるかもしれない。

図表4－14　プロスペクト理論の価値関数

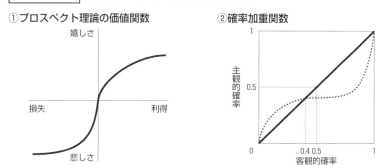

資料出所：大竹文雄、平井　啓『医療現場の行動経済学　すれ違う医者と患者』（東洋経済新報社、2018年）

［2］ 役職定年後の躍進のために何が必要か

役職定年という制度を前提としたとき、それでも前向きな就業意欲を保ち続けるにはどうしたらよいのだろうか。我々は、役職定年当事者の個票データを分析し、役職定年の「失敗」と「成功」を指標化するべく、因子分析を用いて役職定年後の「不活性」と「活性」の指数をそれぞれ作成した［**図表4－15**］。

不活性の指標は、「自分の存在価値を見失ったと感じた」「喪失感・寂しさを感じた」「仕事に対するやる気・モチベーションが低下した」といった就業意識の低下・動機づけの喪失をまとめた因子である（アルファ係数0.906）。

「活性」の指標は、「マネジメントから解放され、今まで取り組めなかったことをやる気になった」「プレッシャーがなくなり、気持ちが楽になっ

図表4－15 役職定年後の不活性指標と活性指標

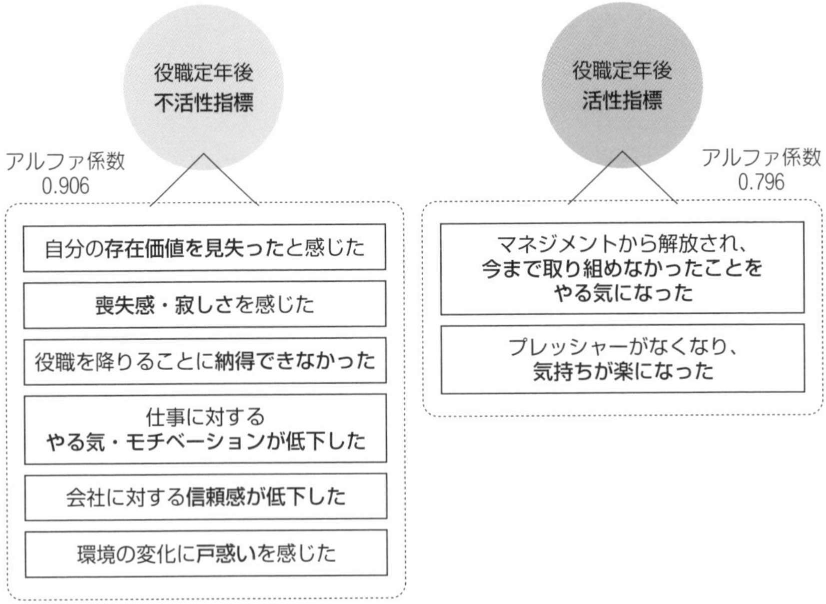

た」という役職定年というトランジションを前向きに捉えることができ
た因子である（アルファ係数0.796）。この「活性」「不活性」因子は、会
社への満足度・仕事への満足度にも有意に紐づいていた（重回帰分析の
結果）。

　この「活性化」「不活性化」が、役職定年への事前準備や就業上の変化
によってどのように影響しているのかを分析してみよう。

　まず、役職定年前の準備状況は、どんなことが活性／不活性に影響す
るだろうか。不活性を防いでいたのは「具体的なキャリアプランの計画」
であり、エンジンとなっていたのは「仕事に対する考え方を変えていた」
という意識の変化である [**図表4－16**]。「専門性を高める、広める」「人
脈を広げる」「副業を始める」などのその他の準備活動は有意ではなかっ
た。つまり、具体的な役職定年への準備行動よりも、就業意識のトラン

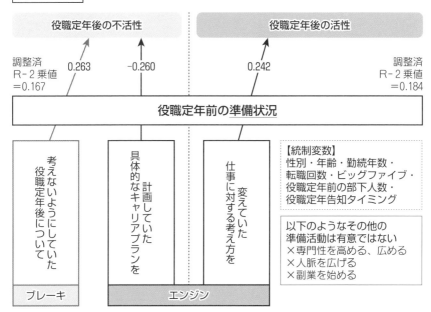

図表4－16 不活性、活性に影響を与える行動

ジション・切り替えのほうが大切であるということが示されている。

［3］期待役割の「消失」

　次に、役職定年後の変化状況である。不活性を導いてしまっているのは、「上司と話す機会が減った」「求められている役割が分からなかった」「相談を受ける機会が減った」である。逆に、ポジティブな変化としては「勤務時間が短くなった」「やりたい仕事・得意な仕事に時間を割けるようになった」という時間の自由度の上昇は、役職定年後の活性化に有意に紐づいていた［**図表4−17**］。役職定年経験者からも、例えば次のような言葉が寄せられている。

- 時局を判断し、人を動かし育てながら成果を上げることが重要だが、役職を離れることで自分の行動範囲に比重を増やすことができるよう

図表4−17　役職定年後の変化状況

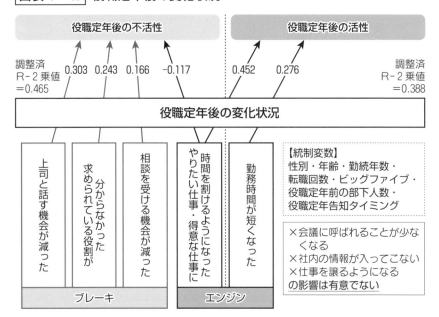

になり、時間的にも成果を上げやすくなった。特に、企画・経営面での会合への出席や、忖度の準備にとられる時間を、より自分の仕事を進めるための根回しや準備に振り向けられることで、成果の品質は大きく向上したと思う

• 会議等の行事が減り、会社内での自分の与えられた仕事に没頭できる時間が増えた

　以上のように不活性化の要因を見ると、モチベーションを下げる大きな要因に、役職定年後、上司の役割が消失すると同時に、次にどんな役割が求められているのか分からないという戸惑いがあることが浮き彫りになった。日本の雇用慣行は「昇進・昇格」という組織内の肩書をモチベーションの源泉とし、長期的な組織定着を促してきた。こうした役割喪失からくる不活性化の実態を、役職定年当事者は次のように語っている。

• いつかは役職定年になるとは考えてはいたが、自分の計算より3年早かった。役職がラインから専門担当になったが、それには特に不満はない。それよりも求められている役割が不明瞭で不信感となった

　雇用契約における職務記述書や固定的な職務内容が一般的でなく、人の能力に応じてフレキシブルに業務をアサインしてきた日本の雇用慣行は、社員に明示された役割以上の「組織市民行動」と呼ばれるような役割外の貢献を求めてきた。組織市民行動とは「①任意の行動であり、②公式の報酬システムによって直接、もしくは明確に承認されているものではなく、③集合的に組織の効率を促進するものである」と定義される概念である[7]。アメリカにおいて先に研究が蓄積された概念だが、日本においてはわざわざ言葉に出して言う必要がないほど、当たり前に行われている。日本の職場では「決まった仕事しかしない」ことがネガティブな評判を生むような組織風土が広く根付いている。そうした役割外の行動を自発的に行うことで出世を果たしてきた社員にとって、管理職の肩書がなくなり、そうした期待役割を背負わなくなることで、職場内の居場所が「失われた」と感じてしまうのだ。

ここまでの分析結果から言えることを簡潔にまとめるならば、役職定年の不活性の要因は、役割期待の「変化」ではない。役職定年によってもたらされる役割期待の単純な「縮小」ないし「喪失」であり、そのことが役職定年当事者の不活性化を招いている。管理職としてのアイデンティティが長く張り付いている役職者にとってのトランジションとしては極めて大きいものであり、こうした問題を解決しないまま、役職定年は、いまなお多くの企業で実施され続けている。

［4］役職定年後にもパフォーマンスを出す人材とは

　では次に、役職定年当事者は、どのような就業意識で働いていると、成果を創出できるのだろうか。

　より具体的な行動／意識の変化から見てみよう［**図表4－18**］。ジョブパフォーマンスへの影響として、統計的に有意になった項目は「経験したことを多様な視点から捉え直している」「仕事に必要な情報は積極的に

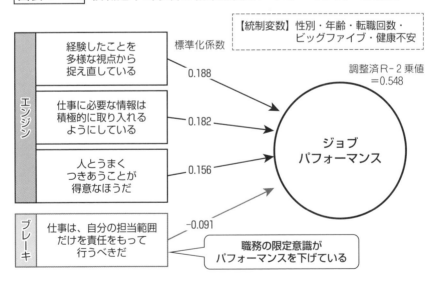

図表4－18 役職定年当事者の就業意識のパフォーマンスへの影響

取り入れるようにしている」「人とうまくつきあうことが得意なほうだ」となっている。既に第2章のミドル・シニア社員の躍進行動特性をPEDALとしてまとめたが、そこで議論した躍進行動の具体的な要素が含まれているのが分かる。

　また、マイナスの影響を持つものとして「仕事は、自分の担当範囲だけを責任をもって行うべきだ」という意識が上がっている。これには幾つかの解釈が成り立つだろう。担当以外のことを行っても評価されない、処遇がついてこないので意味がないという「出し惜しみ」や、若年者に対して口を出しすぎてはいけないという「遠慮」もあるだろう。組織市民行動とは逆方向にあるそうした役割の限定意識がパフォーマンスを下げる要因になっている。

［5］役職定年を役割の「喪失」にしないために

　ここまでの議論をまとめれば、第3章でミドル・シニア社員の停滞として問題にしてきたことが「短期間」に、管理職層に「広く」、そして「強制的に」行われるのが役職定年である。こうしたハードランディングを少しでも和らげ、その後のキャリアを豊かなものにするためには、以下の3点が求められる。
①期待値の調整
②働きがいの再発見・再定義
③広い視野での居場所づくり

　我々が提唱するミドル・シニアを躍進させるためのプログラム「リアリスティック・キャリア・プレビュー」（第3章 **4** ［3］（1）で詳述）においても、役職定年は来るべき未来のシナリオに含まれているべきだろうし、そこでの意識変革の考え方は既に述べたとおりである。

　「いつか来る」と分かっていても見ようとしない、十分な準備を行う者が少ないのであれば、役割を「自分で探せ」というのは難しい。新しい役割を模索し、再順応するためには40代からの躍進行動全体の底上げが

必要になる。組織として事前に包括的な手を打たないまま、役職定年の対象となる55歳から慌てて傷を閉じようとするのは極めて困難だ。役職定年以前からの総合的な支援が必要になる。

　しかし、残念ながら、こうしたことについて経営者・管理職の意識はさほど高くない。独立行政法人高齢・障害・求職者雇用支援機構の個票データを再分析した研究によると、経営者・管理職の多くはキャリア・シフト・チェンジ機能としての「役職定年」を認識していない[8]。むしろ、「人件費の抑制」が必要という意識の強い経営者・管理職ほど、役職定年が必要であると考えている。やはり、賃金カーブの強制的な下方修正という経済合理性に基づいて制度が運用されてしまっている。

　60歳での定年・退職を前提としていた時代であれば、例えば55歳でポストから降りたとしても、残りのキャリアは5年と比較的短かった。だが、65歳、70歳までの就業が多くの人にとって現実味を帯びている現在では、55歳で役職定年となってからも、残りのキャリアは10年、15年と長い。役職定年を「一つの通過点」にするために、制度と運用の再構成が求められる。

　また、役職定年後の不活性要因として、[図表3-16]で示した年下上司と「定期的に会話をする機会」が少なくなっている点に再度触れておこう。役職定年後のミドル・シニア社員の多くは、年下上司との「入れ替わり」や、配置転換によって新たな上司の下に就くことが多いが、この年齢逆転には、多くの問題が潜在している。年上部下へのマネジメントが苦手で、実質的に「放置」の状態になってしまうのもよく見られる光景だ。第5章では、上司と年齢が逆転したミドル・シニア社員へのマネジメントをいかに機能させるかについて、改めて広く議論していく。

［6］役職定年制度の未来

　この章の終わりに、今後の日本企業において、この役職定年がどのように展開していくかという問いを考えてみよう。

　役職定年は、先述のとおり❶人件費の抑制という人件費コントロールの機能と、管理職ポストを若年層へ委譲するという❷組織の新陳代謝という二つの機能を持っている。この機能と現在の経済・市場環境を合わせて鑑みると、今後、日本企業が役職定年を「促進」していく要因と、逆に「抑制」する要因がせめぎ合っているような状況にある。

　促進要因としては、まずシンプルに組織の高齢化が進み続けていることである。特に大手企業においては、バブル期に入社した多くの社員が50歳を超え、平均年齢は上がり続けている。その中で若年層の早期選抜・登用を積極化していこうとすれば、管理職ポストを空けることへのインセンティブは強固に存在している。また、年金制度の維持という面からも、継続雇用の努力義務はさらに延長が見込まれており、将来的には多くの企業が社員を70歳まで何らかの形で雇用し続けることになるだろう。その際に、年功的な賃金カーブの適正化は不可避の作業であり、まだ年齢に処遇が紐づいている企業では、役職定年という形で"強制的に"人件費の圧縮を図っていくだろう。

　しかし、そうした外部環境変化に加わるもう一つの「人手不足」というファクターは、役職定年への「抑制」要因となる。労働力人口の減少に伴い、日本では今後も、中長期的な人手不足が見込まれる。パーソル総合研究所が中央大学とともに2030年時点の日本社会における人材需要と供給を推計したところ、合計644万人もの人手不足が見込まれている[9]。こうした構造的な人手不足状況は、日本企業の高齢人材へのマネジメントそのものに大きな転換を迫ることとなり、役職定年の廃止や縮小の誘因となってくるだろう。少なからぬ企業が、ミドル・シニア社員の社内での継続的な「活躍」を考え始めている。高年齢者雇用安定法の改正に伴って高齢者の雇用確保年齢が延長されることを契機に、シニア人材を福祉的に雇用し続けるのではなく、戦力として活躍し続けてもらおうとする企業は増えていくだろう。

　既に、経団連が2015年に実施した「中高齢従業員の活躍推進に関す

るアンケート調査」から「役職定年制の廃止・廃止検討の理由」（複数回答）について確認すると、全体の71.4％が「年齢にかかわらず意欲・能力のある人材に管理職として活躍し続けてもらうため」としている[**図表4－19**][10]。こうした傾向が強まれば、本章で論じてきたような意欲の低下を招く役職定年は、縮小へと向かっていくだろう。

　現在、日本を代表する企業トップから「終身雇用モデルの撤廃」が提起されるようになり、今後、企業間における人材流動性の高まりは高齢層においても一定の割合で上昇するだろう。流動性が高まることは、ひいてはポストの滞留を少なくし、企業にとって役職定年の必要性を減じる方向に作用する。

　だが、現在の中高年層に転職できる人材や転職したい人材が多いか、という問題は残る。既に見たとおり、ミドル・シニア社員の中には企業に大きな不満を抱きつつも転職意向の低い層が相当数存在しており、流動化がどの層まで進行するかは不透明だ。リーマンショック前の水準に

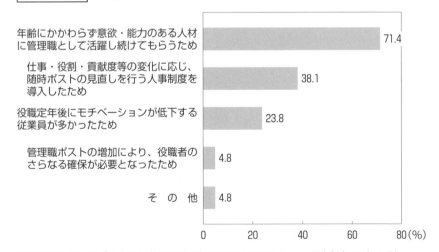

| 図表4－19 | 役職定年制の廃止・廃止検討の理由（複数回答）

資料出所：経団連「中高齢従業員の活躍推進に関するアンケート調査」（2015年9月）

戻りつつあった転職者数の増加傾向は、新型コロナウイルスの感染拡大に伴う企業活動の停滞によって不透明性を増した。今後の流動性の高まりもまた、景況感や社会的イベントに大きく左右され続けるだろう。

　役職定年の今後を占う要素を簡単にまとめると、[図表4－20]のようになる。こうした促進要因と阻害要因を概観すれば、日本の役職定年は、シニア人材のマネジメントの動向とともに過渡期にあるということがいえ、　1　で見たような長期的な動向が今後どうなっていくか、注視が必要だろう。

　しかし、こうした未来予想よりもさらに重要なことは、本章で述べてきた日本の経営組織における構造的な問題は、「役職定年」という外形的な制度を採用する、しないにかかわらず、解決を必要とし続けているということだ。

　職務において未経験の状態から、組織内昇進の機会を長く・広く与えることで、社員のモチベーションを職務内容に紐づかない形で維持するという日本型雇用の中心原理は大きく変わっていない。非正規雇用というその中心原理の「外」に置かれる雇用者を増やすことによって、この原理は存命し続けており、ラディカル（根源的）な変化を引き起こすような代案も見つかっていない。そうした状況のまま高齢社員の雇用確保期間が長くなればなるほど、年功的な人件費をどこかで上がらなくする／

図表4－20 役職定年の促進要因と阻害要因

促 進 要 因	阻 害 要 因
• 組織の高齢化、特に団塊ジュニア世代の役職定年適齢期への接近 • 限定的な流動性によるポスト滞留による組織の硬直性 • 若年層の早期選抜の意向 • 高齢者雇用維持義務の延長	• 構造的な人口減少 • 高齢社員マネジメントの方針転換（社内人材活用への転換） • 人材流動性の高まりによる新陳代謝

資料出所：パーソル総合研究所

下げる仕組みが必要であるし、組織内の昇進・昇格というインセンティブの与え方には限界があることが露呈している。

　結局、高齢社員の流動性が極端に上がらない限り（そしてそれは上述の理由から一定の水準にとどまるだろう）、日本企業は社員に対して、どこかでキャリアのマインド・シフトを行うきっかけと、外形的に与える処遇以外のモチベーション維持のアプローチを必要としている。

　その方法論が55歳という一律的な「年齢」による役職定年という強硬策なのか、より段差の少ない方法を模索するかは、各社の人事戦略ポリシーの方向性と組織状態に大きく依存する。外形的キャリアではなく、内面的動機づけを基軸としたキャリアのマインド・シフトを起こせる仕掛けを人事管理システムの中にビルトインできるかどうかは、今後ますます企業の人事管理の中心課題であり続けるだろう。

1　エズラ・F・ヴォーゲル. ジャパン アズ ナンバーワン：アメリカへの教訓. 広中和歌子, 木本彰子訳, ティビーエス・ブリタニカ. 1979.

2　調査は、2017年11月、調査会社のインターネット・パネルを通じて実施した。本章のデータは、特に表記がない限りこの調査のデータである。

3　ごく一部のサンプルに回答重複が発生しているが、2段階の役職降下の可能性もあり、サンプルカットは実施していない。

4　Feldman, D. C., Leana, C. R., & Bolino, M. C. "Underemployment and relative deprivation among re-employed executives". Journal of Occupational and Organizational Psychology. 2010, vol.75, no.4, p.453-471.

5　鍋田周一. "役職定年制はどのように運用されているか：対象ポスト、退任時期、退任後の処遇等を探る". 労政時報. 2013, no.3857, p.68-87.

6　Kahneman, Daniel. "Prospect theory: An analysis of decisions under risk." Econometrica. 1979, vol.47, no.2, p.263-292.

7　Organ, D. W. Organizational citizenship behavior: The good soldier syndrome. Lexington Books. 1988.

8　大木栄一. "「役職定年制」・「役職の任期制」の役割とキャリア・シフト・チェンジ—求められる「役職定年制」・「役職の任期制」の再構築". 高齢社員の人事管理と展望—生涯現役に向けた人事戦略と雇用管理の研究委員会報告書—（平成27年度）. 独立行政法人高齢・障害・求職者雇用支援機構. 2016, p.265-277.

9　パーソル総合研究所. 労働市場の未来推計 2030.
https://rc.persol-group.co.jp/roudou2030/

10　経団連. 中高齢従業員の活躍推進に関するアンケート調査結果. 2015年9月.
https://www.keidanren.or.jp/policy/2016/037_honbun.pdf

第5章

環境変化に伴い様変わりする職場
——脱年功マネジメント

［1］ 上司と部下の関係性の変化

　第3章でも触れたとおり、ミドル・シニア社員の躍進の鍵は、上司と部下との年齢の逆転が生じるマネジメントへの対応、すなわち"脱年功マネジメント"にある。なぜならば、日本の労働力人口は急速に高年齢化が進んでおり、今後もその傾向はしばらく続くからである [**図表5－1／上図**]。総務省統計局の2017年調査によれば、40歳から69歳のミドル・シニア層は全労働人口の約59％にも及んでいる [**図表5－1／下図**]。

　これまで日本企業は、"年齢・年次"で序列を付けていたため、上司は必然的に年上となることが多かった。しかし、近年、年齢逆転、つまり「年下上司」「年上部下」の関係が増加傾向にある。

　学校法人産業能率大学が行った調査によると、「自分よりも年上の部下がいる」の割合は、2010年49.1％、2013年48.0％、2016年48.8％と変化し、2018年にはついに50％を超えた [**図表5－2**]。その理由は大きく二つ考えられる。一つは、「成果主義」の台頭により、優秀な若年層の管理職への早期抜擢がなされるようになったことによるもの、もう一つは第4章で記載した50代に導入されている「役職定年」によるものである。後者においては単なる「年下上司」「年上部下」の関係性だけでなく、元々上司だった人が、自身の部下になるケースが多い。これがマネジメントを難しくさせる要因である。また、彼らは突然、"年齢"という実力とは関係のない要素で肩書を外されるため、仕事に対するモチベーションも大きく低下しているのである。

　年齢が逆転している状況において部下が抵抗を示すものの一つに、"自分よりも年下の上司の存在"がある。目上の人には従うものという考えが根強い日本人は、APAC（アジア太平洋認定協力機構）の中で比較しても「年下上司」に抵抗感が強いことが分かっている。パーソル総合研究所が実施した調査では、「年下上司の下で働くことに抵抗はない」と回答

図表5−1　日本の労働力人口の推計とミドル・シニア層の占める割合

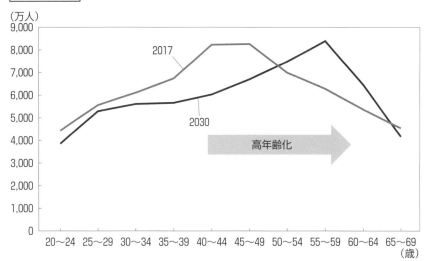

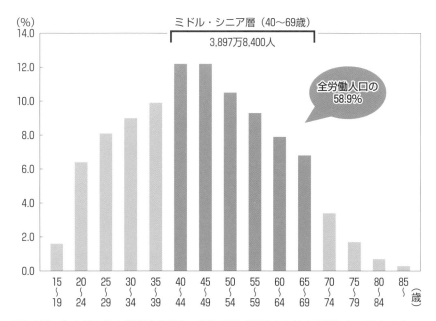

資料出所：独立行政法人労働政策研究・研修機構『労働力需給の推計』（2018年）を加工
　　　　　（上図）／総務省統計局「平成29年就業構造基本調査」を加工（下図）

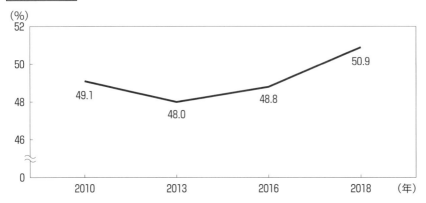

図表5−2 年上部下がいる上司の割合

(%)

49.1
48.0
48.8
50.9

2010　2013　2016　2018　(年)

資料出所：学校法人産業能率大学「第4回上場企業の課長に関する実態調査」を加工

した割合は韓国に次いでワースト2位という結果だった [図表5−3]。

　実際に、調査の自由コメントにも「年下上司」に対する抵抗感がリアルにつづられており、関係構築に苦悩している様子がうかがえた。

〈年上部下から年下上司に対する自由コメント（一部）〉

• 経験が浅い上司なので、頼りにできない
• 部下の半分が年上なので、気をすごく使っているのが分かる。もっと本音を出してほしい
• 年下であっても意に沿わない場合は、遠回しではなく、遠慮せずに端的に言ってほしい
• ほとんど会話がないので、自分の仕事についてどう思っているのか分からない

　一方で、年上部下からの抵抗感だけでなく、年下上司も、年上部下をマネジメントする難しさに苦労している。

〈年下上司から年上部下に対する自由コメント（一部）〉

• いろいろと気を使ってしまう。注意したいときにどのように言えばいいか特に悩む

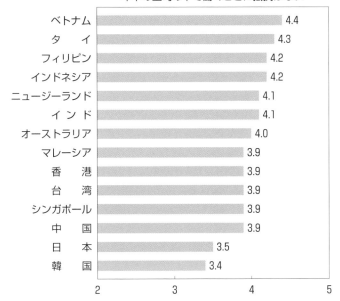

図表5-3　年下上司への抵抗感

年下の上司の下で働くことに抵抗はない

ベトナム	4.4
タ　イ	4.3
フィリピン	4.2
インドネシア	4.2
ニュージーランド	4.1
イ　ン　ド	4.1
オーストラリア	4.0
マレーシア	3.9
香　　港	3.9
台　　湾	3.9
シンガポール	3.9
中　　国	3.9
日　　本	3.5
韓　　国	3.4

資料出所：パーソル総合研究所「APAC就業実態・成長意識調査」
（2019年）

- 年上部下が「自分が年上なんだから」感を前面に出してくると、仕事の調整に不具合が生じてしまう
- 本人のプライドを傷つけないように会話することを心掛けている

　これまでは、日本の社会構造・雇用環境に支えられ、部下が育ちやすい環境も整っていた。経済が右肩上がりであったので、自分の経験・知識を基に手本を見せながら部下の育成を行うことができた。また、長い時間を職場でともにすることで、上司と部下には「タイトな職場関係」が存在した。

　しかしながら、現在のミドル・シニア社員が社会人となった90年代から約30年を経て、企業を取り巻く環境は、堅実で予測可能な時代から、

不確実で見通せない時代へ突入している。いわゆる"VUCA時代"の到来を受けて、事業戦略も経営者が求める姿を描き出し、現場に画一的に落とし込む"ウォーターフォール型"では描きにくくなってきた。こうした中で、上司に求められることは、正解を持ち合わせた上で背中を見せたり、指示・命令をしたりするだけではなくなってきている。

また、労働市場の流動化やダイバーシティ・働き方の多様化を受け、企業と個人の関係性にも変化が起きている。企業にとって社員は生涯、会社に帰属する（流動化しない）対象として全体管理・一律管理を行う対象ではなくなりつつある。こうした中で、社員を1人の労働力として扱う人事労務管理から、個々の異なる能力として扱う人的資源管理への移行とともに、社員に対しては能力の開発だけではなく、異なる価値観に根差した心理的な充足（＝モチベーション）も重視すべき対象となってきた。70歳までの就業機会の確保が企業の努力義務となるとともに、働き方の多様化や労働市場の流動化といった変化が重なり、キャリアは個々の意思・選択がより尊重されるようになってきている。

このような環境下で、リーダーシップの在り方についても変化が生じてきており、近年ではそれぞれの持ち味を活かしたオーセンティック・リーダーシップ[1]などが提唱されるようになってきた。これは上司のあるべき姿に正解はないことを意味するものであり、上司のマネジメントはより一層、難易度が上がり、複雑化してきているといえよう。

［2］ 個人のキャリア観の変化

"年齢逆転マネジメント"の難易度を上げる要因の一つとして、近年のキャリア観の急速な変化も挙げられる。また"VUCA時代"の到来を受けて、個人を取り巻く雇用環境においても変化が起きている。

近年、AI・ロボットの研究・開発が進み、「AI・ロボットに雇用が代替される」といった論を多く見かけるようになった。激しい環境変化の中ではキャリア目標を定めたとしても、目標に合致する職務が会社内に

【コラム　人財育成はブロイラー式から地鶏式へ】

　「ブロイラー」という言葉を聞いたことがあるだろうか。鶏肉の種類の一種であり、出荷サイクルを早くするためにアメリカで開発された種である。特徴的なのは、その育て方にある。鶏舎の中に「大量」の鶏を詰め込み、ワクチンや抗生物質を投与し「徹底管理下」で飼育を行う。基本的には、オールイン・オールアウトという手法で、同じ孵化（ふか）日のヒナを一斉に飼育し、約50日後に一斉に出荷する。飼育の効率は良いものの、味や品質が落ちるといわれている。

　このブロイラーに対する種が「地鶏」である。地鶏は、できる限り自然に近い飼育環境を目指すべく、条件が定められている。例えば、飼育期間が「80日以上」であること、1平方メートル当たり「10羽以下の密度」で「平飼い（自由に動き回れる飼い方）」で飼育すること等である。

　「短期間に」「大量に」「効率よく」飼育されるブロイラーと大きく異なり、「長い時間をかけて」「自然に近い状態で」「大切に」飼育されるのが地鶏である。もちろんその分高価であり、味も格段に良いといわれる。

　この考え方を企業内における人材育成に置き換えると、新卒を一括採用し、全体管理・一律管理をしながら育成し、定年を迎えると全員一緒に退職させていく従来の人材育成が「ブロイラー式」であり、一人ひとりの能力や志向に焦点を当て、それぞれが適した状態で育成していく方法が「地鶏式」である。昨今の人材育成は外部市場の活性化や働き方の多様化を受け、一律管理のブロイラー式から個に焦点を当てた地鶏式に変わりつつある。まさに企業の社員に対する見方が、「労働力」としての"人材"から、「資本」としての"人財"へ変化したといえるのではないか。

存在するとは限らない。仮にあったとしても、数年先まで職務内容が不変であるとは限らない。個人の描く職務・雇用の存在が永続的でなくなった現在、中長期的なキャリア目標を設定し、実現に向けた道を歩む努力をするスタイルが必ずしも有効でなくなってきた。

　また、若年層を中心に、会社内での昇進・権力を獲得することから自

己の成長・自由を追求することへと個人の価値観も移行し、目指すところも「組織でどう生き残るか」から「市場価値をどう上げていくか」へと変化している［**図表5－4**］。

　一方で、変化の局面にある中で、個人は働く上で自己の価値観、能力にしっかり向き合えているだろうか。パーソル総合研究所が2018年に実施した「働く1万人の就業・成長定点調査」によると、「何のために仕事をしているか？」という問いに対し、約8割が「収入を得るため」と回答している［**図表5－5**］。肩書や給与といった外的報酬が働く理由の大半を占め、就業環境・業務内容に不満を持ちつつも、転職意向はなく、雇用が継続されることに疑いもなく過ごしている。これはミドル・シニア社員に限った話ではなく、ほかのアジア諸国と比較して日本全体の傾向として顕著に表れている。

　組織をマネジメントするとは、個々の能力を最大限に引き出すととも

| 図表5－4 | 個人のキャリア観の変化 |

これまでのキャリア		これからのキャリア
・長期的に安定していて予測可能な時代	外部環境	・不確実で、見通せない時代
・企業が責任を持って、社員のキャリア開発を実施	キャリア開発の主体者	・企業が社員個人のキャリアに責任を負えなくなり、個人が主体的にキャリア開発を実施
・明確に企業内に存在	キャリアの完成形	・企業内には存在しなくなってきた
・昇進・権力	核となる価値観	・自由・成長
・地位・給料	重要なパフォーマンス	・心理的成功
・組織関連の柔軟性（組織で生き残ることができるか）	必要な柔軟性	・仕事関連の柔軟性（市場価値を上げることができるか）

（左側：環境の変化　←→　個人の変化）

資料出所：渡辺三枝子編著『新版キャリアの心理学』（ナカニシヤ出版、2018年）から一部抜粋

164

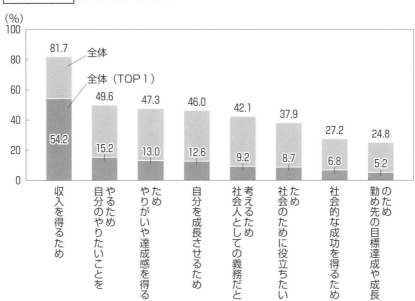

図表5－5　仕事をする理由

資料出所：パーソル総合研究所「働く1万人の就業・成長定点調査 2018」（[図表5－7]
　　　　　も同じ）

に相互に連携させ、結果として組織の価値を最大化させることである。
外部環境の変化が激しい中で、組織を構成する個の能力が変化しないこ
と（およびそれを黙認すること）は、相対的に組織の価値を下げること
に等しい。

　個人のキャリア観や就業環境の変化を捉え、その中で一人ひとりの価
値が何かを見極め、それをどのように最大化できるのか。その鍵の一つ
は上司の在り方にある。

［3］なぜ、上司に注目するのか

　熾烈な市場競争に勝っていくためには、事業に必要となる人材を確保・
育成し、生産性を高めていくことが重要なテーマとなる。特に、大手企

業においては、要員構成の多くを占めるミドル・シニア社員の躍進がどの企業においても喫緊の課題である。その上で、社員において上司の働き掛けが大きな影響力を持っている。

その理由を、先行調査と企業事例の観点から説明したい。

（1）先行調査

第3章で紹介したとおり、本調査の結果から、上司の働き掛けは、部下の躍進行動を加速も減速もさせる影響因子となっていることが分かっている ［図表5－6］。中でも「仕事の仕方に対する尊重・裁量の付与」は、年代に関係なく部下の躍進に影響を与える。また、ミドル・シニア社員を「特別扱い」するのではなく、「平等な関わり方」が躍進を加速させることが明らかになっている。

さらに、興味深いのは、上司への満足／不満が「部下の仕事の成果」や「勤務継続意欲」に大きく影響していることが明らかになった点であ

図表5－6 ミドル・シニア社員における上司の影響

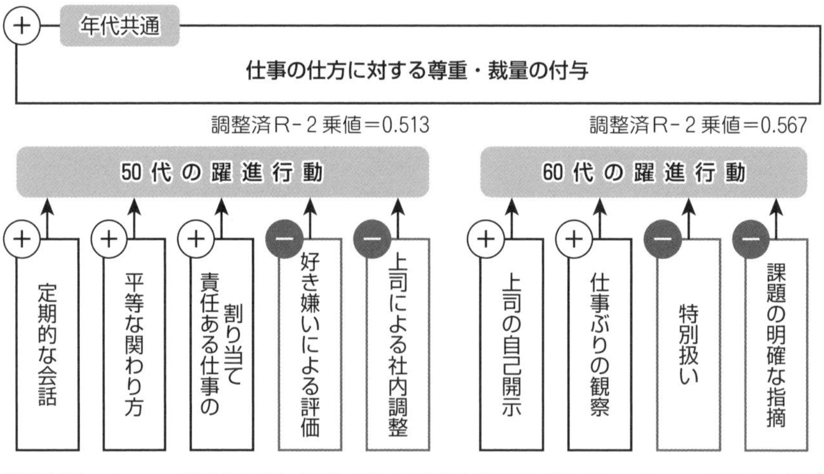

調整済R-2乗値＝0.513　　調整済R-2乗値＝0.567

50代の躍進行動　　60代の躍進行動

（＋）定期的な会話
（＋）平等な関わり方
（＋）責任ある仕事の割り当て
（－）好き嫌いによる評価
（－）上司による社内調整

（＋）上司の自己開示
（＋）仕事ぶりの観察
（－）特別扱い
（－）課題の明確な指摘

（＋）年代共通
仕事の仕方に対する尊重・裁量の付与

資料出所：パーソル総合研究所／法政大学　石山恒貴研究室「ミドル・シニアの躍進実態調査」（2017年、［図表5－9、19］も同じ）

る［**図表5−7**］。上司に満足している層と満足していない層を比較すると、「仕事の成果を出している」と回答した人は、上司に満足している層のほうが上司に満足していない層の2.4倍にもなった。また、「勤務継続意欲」については4.1倍もの差があった。これは、部下を躍進させるも伸び悩んだままにさせるも上司が大きな要になっていることを示すものだろう。

（2）企業事例

　パーソル総合研究所は調査研究を行うだけでなく、個々の企業へのコンサルティングサービスも提供している。近年、「社員の"主体性"を高めたい」「社員に"自発的行動"を促したい」といった、「社員の自律度向上」に向けた改善要望をいただくことが多くなった。これは躍進行動を促していくことに近い概念である。こうした要望に応える場合、まず

図表5−7 上司満足／不満がもたらす部下への影響

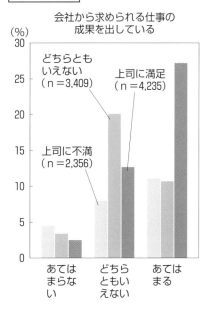

会社から求められる仕事の
成果を出している

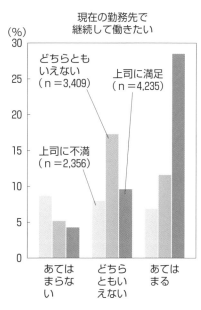

現在の勤務先で
継続して働きたい

は、社員の自律度を可視化するためにサーベイを実施することが多いが、調査において見えてくることは、どの企業においても年齢が上がるにつれ、社員の自律度が下降傾向にあることである。

　一方で、ただ自律度を向上させるだけでは、優秀な社員の満足度の向上やリテンションにつながらないことは想像に難くない。組織に貢献し続けてもらうためには、キャリアの自律度を上げていくと同時に、会社に対するロイヤリティを高めていくことも同じくらい重要である。そのいずれにおいても、上司の影響が強いことが分かっている。

［4］ 解決の方向性

　これまで、"なぜ（WHY）"ミドル・シニア社員に注目するのか、"なぜ（WHY）"上司の力が必要なのかという背景・理由の部分を説明してきた。では、上司は一体"何を（WHAT）"すればよいのか、それは、"どのように（HOW）"行うべきなのかを伝えていきたい。

　先行きが見えづらい市場の中では、上司は個の自律的キャリアと組織の生産性向上の懸け橋となる相談役として、悩み、探り、伴走することが必要となってくる。これは会社が掲げる大きなビジョン・価値観と、個々の内発的動機・価値観を照らし合わせて個として共鳴できるかを考えるとともに、個の能力を活かし組織のミッションに応えていくための適所（役割、職務）を模索するものでもある。個として仕事を通じたやりがい・幸せを獲得し、組織としての適材適所を実現していくためには、これまでの集団一律管理ではなく、部下に最も近いところで働きぶりを観察でき、コミュニケーションを取り得る上司にしかこの役割は果たすことができない。

　一口に「伴走する上司」と表現しても具体的なイメージやなすべきことが分からないかもしれない。まずは、年上部下に伴走できるようになるには、"部下自身のこと"を知るための機会とコミュニケーションを取るための機会を作る必要がある。相手を理解せずして個を活かすための

場は用意できないし、動機づけもできないからである。

　しかしながら、ある日突然、1人の上司が個人的な動機や判断で、そのような機会を作るには限界がある。このため、会社の"仕組み"として、上司・部下が相互に理解し、コミュニケーションを取る機会を設けることも考えられるだろう。上司が部下のキャリアや動機づけを行うための機会としては、「評価面談」と「キャリア面談」の二つの場が想定できる。

　評価面談とは、評価対象となる業績期間の期初・期中・期末に実施され、当該業績期間における目標設定、進捗確認、評価結果の通知などを目的として行われるものである。一方、キャリア面談とは、半年～1年に1回実施され、部下の中長期的なキャリア形成に向けた支援を目的として行われるものである。これらの面談は、あくまで年間の業務活動におけるイベント的なものである。「伴走する」ためには、"日常的に"コミュニケーションを取るための場が必要となる。

　日常における仕事を脇に置いたささいなコミュニケーション、支援の場を本書では「躍進行動支援1on1（以下、1on1）」と呼ぶこととする。われわれは、この1on1が年齢逆転マネジメントにおける伴走型上司の鍵になると考えている。先に挙げた「評価面談」「キャリア面談」に「1on1」を加えた三つの場面における上司の役割は異なる[図表5－8]。

　評価面談では、"仕事・業務の視点"である種の割り切りを持ち、当該業績期間における目標や役割を「客観的に確認する」という姿勢が求められる。キャリア面談では、部下という人間に対し興味・関心を持ち、中長期的にありたいその人らしさを「知る・聞く」姿勢が重要となる。

　1on1では、上司としての定まった役割や話すべきテーマがあるというよりも、「部下が話したいテーマ・内容を話してもらう場を作る」というスタンスが基本となる。具体的には、部下の発言に対し、判断や評価・助言を行うことを主目的とせず、「まずは部下の話を聞いてみる・受け止めてみる」という姿勢が求められる。

図表5−8 三つの場面におけるコミュニケーションの内容

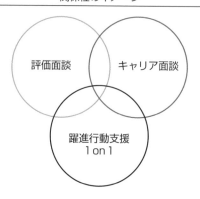

関係性のイメージ

それぞれの概要

	評 価 面 談	キャリア面談	躍進行動支援1on1
実 施	• 業績期間の期初・期中・期末	• 半年〜1年に1回	• 日常
目 的	• 業績期間の目標設定、進捗確認、結果通知	• 中長期の活躍、自律的キャリアの形成に向けた支援	• 左記両方の目的に対し、上司との対話を通じて深掘り
主な内容	• 会社と個人の期待役割／目標の擦り合わせ • 自己評価／最終評価の報告	• その人らしさの理解・共有 • 将来の展望／ビジョン	• 左記両方のテーマに対し、日常業務を通じて部下が何に気づき、どのように次へ活かしていくか

資料出所：パーソル総合研究所（以後、資料出所の明記のない図表も同じ）

　実際、1on1で「部下の話を聞く」目的で時間を設けても、この目的に実態が追いつくには時間を要する。会社・組織と社員というこれまでの主従関係の中で、組織を中心に"べき論"で物事を考えることに疑問を抱いてこなかった人において、個人として本音の思いは何か、やりたいことは何か、自由に話してみてくれという場を作られても、聞き手（上

司）だけでなく話し手（部下）もどうしてよいのか分からないのである。

　後掲 2 以降では、1 on 1の具体的な進め方を基に、どのように上司は部下から"やりたいこと"を引き出し、日常業務を通じて強みをいかに最大化できるかを解説していきたい。

【コラム　道徳理論「人は何に従うか？」】

　アメリカの心理学者であるローレンス・コールバーグが提唱した概念に「道徳性発達理論」というものがある。人間の道徳的に判断する段階は三つのレベルと六つの段階があり、以下のように整理できるとされる。

- レベルⅠ　前慣習的（pre conventional morality）

　「従属・罰志向」

　「道徳主義的快楽主義志向」

- レベルⅡ　慣習的（conventional morality）

　「対人的一致『よいこ』志向」

　「権威と社会秩序の維持志向」

- レベルⅢ　脱慣習的（post conventional morality）

　「契約的法志向」

　「普遍的倫理原理志向」

　レベルⅠ、Ⅱの段階は、個人はあくまで「遵法」や「組織」に従属して動くものであるという考え方であり、共同体的（ゲマインシャフト）な性質の強い日本企業においては、ことさら強かった概念である。この「道徳性発達理論」の考え方は1973年に発表されたもので、工業化社会を前提にした概念であるため、レベルⅢの世界観が抽象的、観念的であることは否めない。だが、レベルⅢは全体に個を従属させるのではなく、個がそれぞれの信条や価値観に基づいて行動している世界観であり、個がキャリア自律した世界ともいえる。現在のマネジメントにおいてはレベルⅠ、Ⅱから脱却し、レベルⅢの世界で人を動かしていくことが求められているといえよう。

2 年上部下への接し方のコツ：信頼関係構築フェーズ

［1］年上部下との関係性

1 に説明したように、年上部下の躍進を支援するには、日常における部下との接点を増やし、人となりを知り、お互いの自己開示を行うコミュニケーションが取れるようになることが必要となる。その上で年上部下との1on1を実施することを想定してみよう。実際、目の前にはどのような状況が考えられるだろうか。

年功マネジメントにおいては、上司と部下の間に“年齢”という明確な序列があるため、上司から部下に「1on1を始めてみようと思う」という働き掛けに大きな違和感は生じない。基本的に上司のほうが経験やその領域における知識が豊富であることが多く、上司は部下に一定の具体的なアドバイスや指示を出すことが可能であるし、部下もそれを頼りにするという関係性を作りやすい。一方で、年齢逆転マネジメントにおいてはどうだろうか。

年齢が逆転している関係性においては、部下のほうが社歴・経歴が長く、上司が知識・経験面で必ずしも頼られるという関係ではないことも多い。このため、上司が部下に頼られることを前提としたコミュニケーションが年齢が逆転している関係性においては成立しないことが多い。

この状況が年上部下との距離感・遠慮につながり、日常におけるコミュニケーション（会話や観察など）が希薄化する方向につながっている。「ミドル・シニアの躍進実態調査」によると、上司が年上であるか年下であるかの違いによって生じるものとして、50代は「責任ある仕事の割り当て」「定期的な会話」の乖離が大きく、60代は「上司の自己開示」「仕事ぶりの観察」の乖離が大きいという結果が見られる［**図表5-9**］。

希薄化した上司・部下の関係性では、1on1が本来の目的とする「部下の内的動機を引き出し、自律的成長・躍進を支援する」コミュニケー

図表5-9 年上上司と年下上司の違いによって生じる捉え方の違い

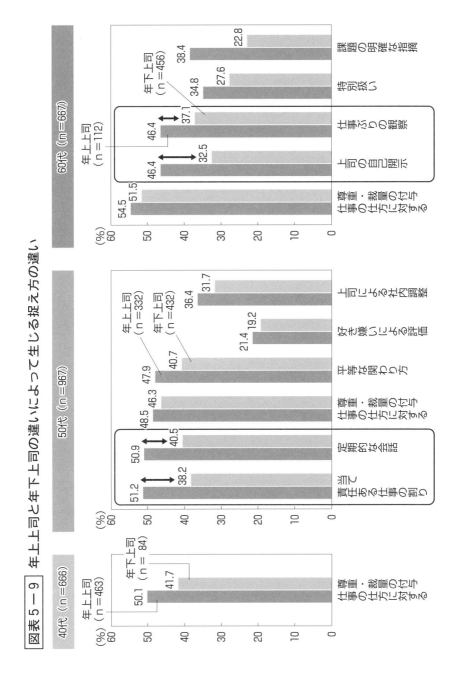

| 図表 5−10 | 希薄化した上司・部下の関係性 |

	年齢逆転の上司部下の関係性	急に面談・1on1と言われても…
人間 関係	・定期的な会話をしていない ・上司自身に遠慮や戸惑いがある ・部下も年齢を重ね、個性がさらに 　顕著に	・「対話」を行うための大義がいる ・頑張って「対話」を試みたところで 　不自然 ・話題がない／お互いが遠慮する 　（気にはかけているが…）
仕事	・（上司の遠慮も働き）責任のある／ 　適切な仕事の割り当てができてい 　ない ・（年上だから任せておこうと）上司 　が部下の仕事ぶりを観察できてい 　ない	・年上部下に対する上司の引け目・ 　後ろめたさがある ・話に具体性がなく、しらじらしい

ションの効果は到底得られないだろう［**図表5−10**］。

　このため本書で紹介する1on1（年上部下との日常的なコミュニケーション）は、そのアプローチにおいて関係性構築を踏まえた「信頼関係構築フェーズ」と「躍進行動支援フェーズ」の二つの段階（フェーズ）を示している。

　「信頼関係構築フェーズ」は、1on1開始の初期段階であり、まずは日常業務における対話が生まれるような信頼関係構築を目的とする。「躍進行動支援フェーズ」は、年齢逆転マネジメントにおいても上司・部下の信頼関係が築かれていることを前提として、部下に躍進行動の必要性および躍進に向け一定の内発的動機への気づき・行動変容を促すことを目的とする［**図表5−11**］。

　年齢逆転マネジメントにおいて、既に部下との信頼関係は十分に築くことができているという方は、後掲「　**3**　年上部下への接し方のコツ：躍進行動支援フェーズ」から読み進めてほしい。

［2］信頼関係構築の必要性
　年齢逆転マネジメントにおいて上司・部下両者の信頼関係が十分に築

図表5−11 信頼関係構築フェーズ

・業務上の成長・躍進を促す（＝部下の躍進行動の支援）前に、
　年上部下と日常業務における会話が生まれるような信頼関係を築くことが肝要である

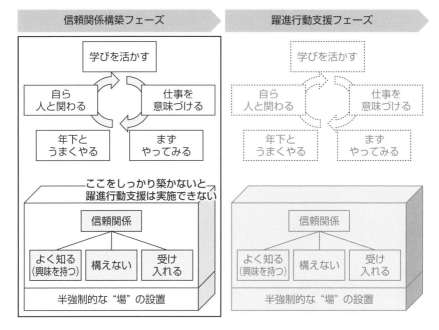

けていない状態で、会社の制度や運用ルールとして「1on1をやるので
話してください」と伝えられても、年上部下は冷めた感情で“形式的な
時間”“時間の無駄感”“猜疑心・警戒心”などの感情を抱きながら場に
臨むだけである。そのような“冷めた・構えた”状態の年上部下に対し、
時間を割いたところで上司としては「やっぱりこの層は何も変わらな
い…」と徒労感を覚えるだけである。これでは1on1が継続しないどこ
ろか、両者の溝がさらに決定的なものになりかねない。
　年上部下のキャリア自律支援・躍進行動支援は、一朝一夕で成果が出る
類いのものでは決してない。明確な成果を一度に期待せずに、まずは定期
的かつ頻度高く年上部下と対話をする場を持ち、外見からして「無関心」

1 on 1 前の部下の状態	上司と部下の目指す状態
・無関心 　−しょせん、会社が言い出したこと 　−きっと、上司もやらされているだけ ・表面的 　−まぁまぁ、適当に話をあわせておこう 　−30分だし、なんでもまぁいいか ・後ろ向き 　−特に話すこともない 　−忙しいのに、また人事が… ・警戒・猜疑心 　−キャリア自律・活躍を支援なんて、 　　いまさら… 　−本当は何をしたいんだ	・対話に関心を持つ 　−上司のことを、ほとんど知らなかった 　　な 　−意外と話せるやつだな ・本音も、ちらほら出す 　−自分の意図は伝えられた 　−よく考えたら、これも伝えておこう ・ニュートラル／前向き 　−次の時間は 1 on 1 か、よし行こう 　−上司もいろいろあるんだな ・自分のための時間感 　−"裏の目的・思惑がある"と思ってい 　　たが、どうやらなさそう

「表面的」「後ろ向き」「警戒・猜疑心」といった状況の部下と、根気よく向き合う必要がある。回を重ねる中で少しずつ、年上部下が「対話に関心を持つ」「本音も、ちらほら出す」「ニュートラル／前向き」「自分のための時間感」などといった状態になることを目指していく **[図表 5 −12]**。

　では実際、信頼関係構築フェーズをどう進めていくか。「話題・テーマ」と「話し方」の観点で整理していきたい。

［3］　1 on 1 の背景・目的を伝える／土台（世界観）をそろえる

　「話題・テーマ」という観点で、まず大事なのは「 1 on 1 の背景・目的を"上司自身の言葉で明確に伝える"」ことである。

　1 on 1 実施の背景・目的が初回に共有されていないと、上司自身も1 on 1 の目的を曖昧に捉えたまま進めてしまう可能性がある。また、部下が、 1 on 1 を上司からの何らかのフィードバック・指導を受ける評価面談の類いと勘違いして、疑心暗鬼で場に臨んでしまうことで内面的な話・本音が出にくい状況が起こってしまう。

　1 on 1 の背景・目的を自分の言葉で伝えることは、上司自身が目的を自分事化・腹落ちしなければできないことであり、それを伝えることで、

上司自身がどのように重要に感じているかを部下に伝えることができる。また、評価面談とはまったく異なり、あくまで今後の部下の活躍を支援するための時間であるという位置づけも明確になる。その結果として、1on1は上司のためではなく自分のための時間という認識を部下が持ち、心理的安全性を持って自分の話をするようになることを目指していく。

　ここで、第2章で既出の「伸び悩みタイプ」を年上部下のモデルとして、初回の1on1の対話の流れを紹介したい［**ケース1**］。

ケース1　面談スクリプト　1on1の初回
■上司（安達さん）・部下（片岡さん）のペルソナ設定
【片岡さん（年上部下）の設定】

	片岡さん（年上部下）のプロフィール
個人属性	• 片岡陽一　50歳 • 金属メーカー　総務部課長 • 子供2人（高校2年・娘と中学3年・息子） • 市川市の戸建て。ローン残債は3000万円
社歴・仕事意識	• 課長昇進40歳。10年間役職も部署も変わっていない • 実務知識は長く積んできているので特定領域においての自信は持っている 　不祥事の時には、自分が主担当として先頭に立って対応を行ってきた • 部長になるには遅れを自覚しているものの、次長には上がれるのではないかとほのかな望みを持っている • 趣味は週末のゴルフと家での晩酌 　医師からは休肝日を設け、メタボリック解消のために運動することをいつも勧められている
世代の特性	• 熾烈な受験戦争を経てM大学に入学。大学では新聞部に所属 　就職はマスコミ志望であったものの、志望は叶わず、金属メーカーに就職 　同期入社300名。当時は、海外展開も含めて業績は絶好調 　30代半ばには課長、40代後半で部長になるというのが理想のキャリアパスだった • 実際には、入社後しばらくするとバブル崩壊。当時は営業部所属 　これまで湯水のごとく経費を使えた状況は一変、営業成績も厳しい中で経費節減に砕身 　3年間、新人は部署に配属されなかった

〈安達さん（年下上司）に対する考え〉

- 上司とは普段はあまり会話をする機会はない
- 年下の上司なので自分を尊重、配慮してくれているのだろうが、もっと遠慮しないで頼ってほしい
- 安達部長は、経営企画から異動で部長に抜擢された。部長の人柄などはイマイチ分かっていない
- 現行部署の業務のことであれば自分のほうが分かっている
- 苦労もなく、部長に昇進できた上司には、自分のような人間が普段考えていることなど分かるわけないと心の片隅では思っている
- とはいえ、お互いに特に感情的な凝りがあるわけではなく、会話は普通にできる関係性である

【安達さん（年下上司）の設定】

	安達さん（年下上司）のプロフィール
個人属性	・安達哲也　47歳 ・金属メーカー　総務部部長 ・経営企画部からの異動で部長に抜擢

〈片岡さん（年上部下）に対する考え〉

- 片岡さんは現行部署、社歴も含めベテラン社員であり、業務推進において欠かせない存在だと思っている
- 一方で、自分より年上であり経験も持っている。自分は年下で業務経験も浅いことから、関わり方が難しいと感じている
- 片岡さんは現行の部署で次長を目指しているとは思うが、可能性としては難しい
- 責任感を持っていい仕事をしてくれるとは思うが、周囲がとっつきづらい印象である
- 53歳でポストオフしたら、孤立してしまうことが危惧される

■1 on 1 初回の始め方（太字：初回 1 on 1 の対話において重要なポイント）

安達：「片岡さん、お疲れさまです」

片岡：「あ、お疲れさまです」

安達：「今日は、お忙しいところ、1 on 1 で時間を取ってもらってありがとうございます（**挨拶とねぎらい**）」

片岡：「あ、いえ…」

安達：「実は、今回、会社の新しい制度の一つとして 1 on 1 というのが始まりました（**1 on 1 制度開始の背景**）。1 on 1 というのは、上司と部下で行う 1 対 1 の定期的なミーティングのことなのですが…」

片岡：「定期面談ってことですか？　期ごとに評価面談がありますけど、それとは違うんですか？」

安達：「はい、評価面談とは違います。1 on 1 の目的は、片岡さん自身がこれからも第一線で活躍し続けてもらうために実施するものです（**1 on 1 実施の目的**）。片岡さんには、これからもこの部署で活躍し続けてほしいと思っています（**上司としての期待を伝える**）。普段は、片岡さん自身がこの部署でどんな仕事をしたいと思っているのかとか、どんな働き方をしたいと思っているのかなど、ゆっくりお聞きする機会がないですよね。だから、1 on 1 の時間を使って、片岡さんが仕事について考えていることをいろいろとお聞きしたいと思っているんです」

片岡：「はあ…そうなんですか。別に考えていることなんかないですよ…仕事ですから、やるべきことをやるだけですし…」

安達：「そうですか…初めての取り組みなので、私も片岡さんの話をうまく聞いていけるかどうか心配なところはあるのですが、この機会を使っていろいろ聞かせてもらえませんか（**上司の自己開示・話を聞きたい姿勢を伝える**）。そういえば、以前発生した○○の件（**不祥事対応**）では、片岡さんが主担当として対応されて、業務がスムーズに進んだと聞きました（**部下の強みを伝える**）。片岡さんは、私よりこの部署での活躍が長

いですし、普段からどんなことにも責任を持って業務されている片岡さんですから（部下の強みを伝える）、これまでのご経験から業務での課題や改善点などもお持ちだと思います。ぜひそうした話も聞きたいと思っています（話を聞きたい姿勢を伝える）」

片岡：「そうなんですか…」

安達：「ちなみに、今の業務の中で気になっていることなんかはありませんか？（現在の共通話題）」

片岡：「そうですね…そういえば、○○の件について聞いてもいいですか」

安達：「○○のことですか、具体的に聞かせてもらえますか？（「傾聴」と「問答」で会話を盛り上げ、1 on 1 の自然な継続を目指す）」

［4］どんなテーマで話すのか？　1 on 1 のテーマ

　初回で 1 on 1 の背景や目的の認識を合わせた後は、どのように話を進めていけばよいだろうか。まずは、上司と部下の共通認識のある話題・顕在化している話題（最近の業務・職場の状況や環境など）からが始めやすい。人の特性を構造化した氷山モデルで例えると、内面的な感情・価値観などではなく、業務やスキル・知識など目に見える話題を持ち出すのがよいだろう［図表5－13］。部下によっては、自分自身のことではなく周囲に対する客観的な見解や意見などからのほうが話しやすいかもしれない。例えば、チームの状況や事実・起こったことなど上司と部下との間に共通理解のある内容から会話ができるとよいだろう。

【例】

・最近、取り組んでいる業務はどうですか？

・組織やメンバーに関して思っていることや気づきはありますか？　など

　話題の中身を時系列的に捉えることで、互いに共通認識を持ち得る現在の話題から始め、徐々に部下の過去にさかのぼっていくことができる。過去を振り返る中で、部下が培ってきた経験や内在している価値観・思考特性などを徐々に把握し、その後に未来に向けた対話にシフトしてい

| 図表5−13 | 共通認識のある・顕在化している話題から始める |

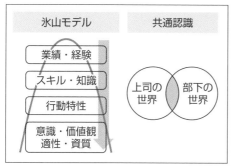
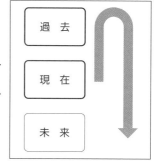

切り口

・まずは、最近の業務・職場環境など、目に見える話題からが始めやすい（内在する価値観等を最初から探るのは難易度が高い）
　－最近、取り組んでいる業務はどうですか？
　－組織やメンバーに関して思っていること・気づきはありますか？
・上司と部下の共通の話題から入り始めるとよい

時系列

・現在・過去の話は、「今起きていること」「昔あったこと」なので、部下も話しやすい
・まずは現在・過去を紐とく（未来はその後）

きたい。

　このフェーズの目的は、部下の話を引き出すことであり、部下が「話を聞いてもらえる」という実感を持つようになることである。早急な「改善」や適切な「指導」をしなくては、という責任感をこの段階では横に置き、傾聴に徹してほしい。ひたすら聞き役に回ることは難しいが、極めて重要な“堪えどころ”である。

［5］どんなふうに話すのか？　上司の立ち居振る舞い

　信頼関係構築フェーズにおいては、従前の関係性に固執せずに、部下を“そのまま受け入れる”ことにまずは臨んでいただきたい。その上で、上司として心掛けたい三つのスタンスがある。
①部下の強みを伝える／部下との対話に興味を持つ
②上司も完璧でなくていい：上司も自身のちょっとした課題や悩みを話

してみる

③まずは受け入れる。そのままを受け入れる。部下の発言に判断や評価
　をしない

　それぞれに関し、「なぜ、必要か？　どんな効果があるのか？」「行う
と効果的なこと（Dos）」「行うとマイナスなこと（Don'ts）」の観点から
解説する。

（1）部下の強みを伝える／部下との対話に興味を持つ

①なぜ、必要か？　どんな効果があるのか？

　このフェーズにおける目的は、部下の精神的な緊張・心の壁を取り除
くことにある。まず考えてみてほしい。あなた（上司自身）が部下の立
場だったら、あなたはどのような相手に「この人となら話そう」と思う
だろうか。その相手とは、自分のことをよく理解し、課題がある中でも
自分という人間を認め、さらなる能力伸長へ期待を寄せてくれる人では
ないだろうか。「1on1は、あなたが話したいことを自由に話していい時
間です」と上司が何度伝えたとしても、部下の心理的安全性は"説明"
で担保されるものではない。説明と上司の言動が一致して初めて、部下
は「この人となら」話そうと思えるものだが、1on1の開始早々「あな
たのここを改善したほうがよい」と指摘するだけでは、その距離は開く
だけである。

　まずは、部下の強みや肯定的な話題で相手の警戒心や猜疑心を取り去
り、場をリラックスしたものにしていくとよいだろう。そのためには、
部下の日常の言動、業務への取り組み状況や姿勢、周囲との関係性など
を観察し、具体的な事実を知ることが重要となる。この「具体的な事実」
が相手に対する関心の重要な要素となる。「いつも頑張っていますね」「積
極性があってよいですね」など表面的・抽象的な言葉の羅列は、部下の
上司に対する不信感をかえって生み出すもとになる。

②行うと効果的なこと（Dos）

　部下をこれまで以上に観察し、具体的なエピソードを日常から拾って

おいてほしい。記録の習慣をつけたり、部下の周囲のメンバーから情報収集したりすることも時に有用である。そして、そこで得た情報（組織または顧客にとって価値のあったこと、効果的だったこと、「らしさ」が活かせていたことなど）を、部下への感謝や期待とともに1 on 1で伝えられるとよいだろう。何も部下と向き合い対話する時間だけが1 on 1に必要な時間ではない。観察を継続していると、部下は常日頃から周囲に心を配っている、ちょっとしたことにこだわりを持って仕事を進めているなど、今まで見えていなかった側面が見えてくる。

　捉える事象はささいなことかもしれないが、部下にとっては「上司は意外と自分のことを見てくれている」と思うようなこともある。ささいなことを見ているという事実を伝えると、関心や敬意を持って対応しようとしているという部下に対する言外のメッセージにもなる。

③行うとマイナスなこと（Don'ts）

　部下の具体的な行動の観察もないままに、表面的・抽象的な表現で部下に対する理解を表出することは避けたほうがよいだろう。また、本人の強みや行動について、具体的事実もないままに「○○的」「○○性」といった形容詞でフィードバックするだけでは、根拠のないお世辞程度にすぎないと部下に見抜かれてしまい、信頼関係を強化するどころか、かえってマイナスになる。そのような状態で改善指導を行うと、さらに距離が広がってしまう。

　普通であれば、上司という役割意識・責任感から「改善点を指導しよう」という言動ばかりが前に出て、強みや特徴については特段口にすることもなく、「当たり前にできている」と流してしまうこともあっただろう。しかしながら、このフェーズでは何事も当たり前だと捉えずに、承認すべきことと改めて捉え、強みとしてフィードバックしていただきたい［図表5−14］。

部下の強みを伝える／部下との対話に興味を持つ

詳細 なぜ必要？ どんな効果が ある？	・部下の「強み」や「肯定的な話題」から対話を始める 　⇒対話における精神的緊張をほぐす。話題にする強みは具体的である 　　ことが肝 ・上司視点で、組織・チームにおける具体的な貢献・強みを伝える 　⇒部下の視座を上げる。また、組織・チームにおける部下の居場所を 　　創ることができる ・具体的な強みを伝えるために、日常から部下自身・部下との対話に興 　味を持つことが肝要

Dos：行うと効果的なこと	Don'ts：行うとマイナスなこと
・ポイントは、具体性 　−実際のエピソード（場面）を交えて 　−期待・頼りにしたい業務・役割等を 　　明確に ・加えられるなら、意外性 　−日常目に付きにくい場面、意外性の 　　ある場面 　　⇒「ちゃんと部下を見ていること」 　　　が伝わる 　−部下の潜在的な能力・可能性に注目 　　⇒「まだまだ期待があること」が伝 　　　わる （"部下／部下との対話に興味を持つ"と いう上司の状態を、最初は創り上げる／ 演じる必要性があるかもしれない）	・抽象的・一般的な表現 　「○○的」「○○性」という言葉に頼る 　フィードバック 　例）「積極的でよいと思います」 　　　「主体性を持って取り組んでいただ 　　　いています」 　⇒何も刺さらない ・改善点・指摘から始める 　−強みはあえて伝えずとも"そのまま 　　で"としてしまう 　−（後どれだけ足りない、○○が欠け 　　ている等）課題面ばかりに着目して 　　も、成果につながるアクションには 　　ならない

（2）上司も完璧でなくていい：上司も自身のちょっとした課題や悩みを 話してみる

①なぜ、必要か？　どんな効果があるのか？

　対話において、聞き手は話し手のかがみとなる存在である。上司は完璧さを装わず、上司自身が対峙（たいじ）している課題感や弱みなどを進んで自己開示していくことは、次の二つの観点から有用である。

❶心理的安全性を高め、相手の緊張をほぐすことで、相手から多くの情報を得られる

❷上司の視座を伝えることで、部下のモノの見方や視座を上げる

　❶に関しては、部下から情報を引き出すだけでなく、上司自身の普段の考えや思い、過去の経験、迷いなどを、まずは進んで相手に開示していく。"上司が腹を割って話している"という状況は、部下の心理的ハードルを下げる。また、「開示の返報性」という言葉のとおり、人は相手に開示されたものと同じくらい自己を開示していこうと考える。これは結果として、両者の距離を縮めることにつながっていく。

　❷に関しては、上司の視界で捉えている組織・チームの課題感を共有することで、同じ組織に属している部下に気づきを与えられる。問題の対応策や取るべき方向性を部下にも考えてもらうことで、部下自身の課題設定や組織貢献の在り方を考えることにもつながる。年齢逆転マネジメントの世界においては、社会経験は年上部下のほうがはるかに豊富であるため、上司が困りごとを開示することは部下の心を開かせるだけではなく、そこに貢献する機会を部下に見つけてもらうことにもつながる。正解を持ち"指示・命令する上司"というこれまでの形から、答えのない世界を"伴走する上司"へ転換するには、上司は完璧でなければならないという気負いは不要である。

②行うと効果的なこと（Dos）

　このフェーズにおいては「上司」という役割や責任にとらわれすぎることなく、同じチームの一員・個人として向き合うくらいのスタンスが望ましい。上司も一個人として、組織・チームに対する課題感・悩みの開示だけでなく、「実はこうしていきたいと思っている」という不足感などを伝えると、かつて管理職として同じように悩んできた年上部下は特に心を開きやすいだろう。

　「組織をもっとこういうふうにしていきたい」（組織・チームへの希望）
　「一方で、自分にはまだ○○が足りない」（上司自身の問題・悩み）
　「だから、×××の部分を期待したい／お願いしたい」（部下個人への期待）

――など、うまく年上部下を頼りながら対話を進められるとよいだろう。敬意というのは遠慮をすることではない。「頼る」ということが、年上部下にとっては最大の敬意となるのである。ただし、「開示の返報性」を即時に部下に求めないほうがよい。人間の言動は、おおよそ習慣化されており、急には変わらないからだ。上司の論理で「開示を意識・実行してみよう」と思うことと、部下が心を開くようになるタイミングは必ずしも一致するものではないからだ。上司は焦らず、根気よく、即時的な効果や見返りを求めずに事を進めることが重要である。

③行うとマイナスなこと（Don'ts）

　上司としての見解をすぐに述べることや、「○○したほうがよいのでは？」「○○してみてはどうか？」と、すぐにアドバイスすることは避けたい。1 on 1のテーマとなる「キャリア」は本来、立場・役割にかかわらず、自分で考えるものであって正解はない。上司が手本を示す・正解を提示するという行為は1 on 1では不要であり、上司はともに考えるという姿勢を見せることが重要である [図表5－15]。

（3）まずは受け入れる。そのままを受け入れる。部下の発言に判断や評価をしない

①なぜ、必要か？　どんな効果があるのか？

　年上部下の話に耳を傾けていると、上司としてのアドバイスや違う視点からの捉え方など、口に出したいことが多々表出するだろう。それをグッと飲み込むのがこのフェーズのポイントである。繰り返しになるが、信頼関係構築フェーズにおいて重要なことは、話し手の心理的安全性を担保すること、話し手が「話してみてよかった、悪い気分じゃなかった」と思ってもらうことである。上司はこの目的に照らして自分の言動の取捨選択をする必要がある。

　部下の話に対し、たとえそれが組織や上司に対する不満だったとしても、そこで改めさせようとしたりせず、部下が「自分の話ができた・聞いてもらえた」と思えることに集中し、本来上司として伝えたいことは

図表5-15 上司も完璧でなくていい

詳細 なぜ必要？ どんな効果が ある？	• 自分の考え・思いや過去の経験を自ら相手に開示する 　⇒良好な人間関係を創り出す（開示の返報性） • 上司自身の課題・弱みや、組織・チームの課題・弱みを伝える 　⇒部下の緊張をほぐす／部下自身の課題・自己理解を深める素材として活用してもらう • 自身や組織の課題・弱みに対し、部下にどのような貢献を期待しているかを伝える 　⇒部下の貢献領域を創る／うまく頼る

Dos：行うと効果的なこと	Don'ts：行うとマイナスなこと
• 上司としてではなく、**個人として** 　－役職ではなく、同じチームの一員として • **自己開示の即時的な見返りを求めない** 　－部下のほうが情報が少なく、いろいろ構えている 　－焦らず、根気よく • 課題・弱みだけでなく、希望 "こうしたい" も 「組織をもっとこういうふうにしていきたい」 「一方で、自分にはまだ○○が足りない」 「だから、×××の部分を期待したい／お願いしたい」	• **上司＝手本を示す、正解を提示するもの** 　－部下のキャリアは、部下自身が考えるという固定概念 　－上司はともに考えることが役割であり、手本や正解を示す存在ではない • **質問攻め** 　－相手の心を解さないまま、上司として知りたいことだけについて質問攻めにする 　⇒部下は、聞かれたことにだけ答え、本音を出さない

後回しにする。

　部下が上司のフィードバックを受け入れる土壌がない限り、上司がどんなに正しいことを伝えても意味がないからである。

　話し手は、自分が話したことに対して否定的だったり、懐疑的だったり、改善の指示が出されたりすると、防衛的になり、自分自身の考えや思いを表に出さなくなる。結果、当たり障りのないことだけを伝えるようになる。

　それでは部下との対話にはつながらない。部下が「○○と思っている」

というとに対しては（たとえ思うところがいろいろあろうともグッと
こらえ）、「Aさんは、○○と感じていらっしゃるんですね」とそのまま
受け止めることに努めたい。

②行うと効果的なこと（Dos）

上司の目線と、部下の目線を分けて話題を捉える。部下の話を聞くと
きは、「部下の眼鏡」をかけるイメージを持つとよいだろう。部下から見
えている景色、それに対する部下の感情自体をまずは"そのまま"受け
止める。

受け止めることは賛同することではなく、無理に相手に話を合わせた
り同調したりすることでもない。もちろん、否定もしない。大事なこと
は、部下の視界・眼鏡で見えていること・感じていることを、部下が話
すペースで引き出し、上司の解釈・判断を挟まず、そのまま「そうだっ
たのですね」と受け入れることである。

③行うとマイナスなこと（Don'ts）

部下の話を聞いている最中に、「部下の眼鏡」ではなく「上司の眼鏡」
で反応してしまうことがある。この場合、上司は、「この局面では、〜す
べきだ」「〜したほうがよい」とつい反射的に口にしてしまう。上司の眼
鏡から見た助言がもし部下に不服だったら、「この上司に何を話してもや
はり無駄だ…」という諦めの感情が湧き、その距離感はますます広がる。
たとえ納得しても、部下は上司の助言を「そのとおりだ」と思い、自ら
の思考を深めることをやめてしまう。

年上部下よりも低い報酬水準で高い価値発揮をしている部下の姿が視
界に入っている場合など、年上部下の不満・課題感に対して上司にはさ
まざまな思いが生じてくることだろう。そのような場合でも、年上部下
の躍進支援のための土壌づくりという目的に立ち返り、まずはそのまま
相手を受け入れる姿勢を徹底してほしい [図表5－16]。

信頼関係構築フェーズにおける1on1のテーマと上司の立ち居振る舞
いをここまで述べてきたが、信頼関係構築フェーズは何らかの成果を求

図表 5 －16　まずは受け入れる。そのままを受け入れる。
部下の発言に判断や評価をしない

詳細 なぜ必要？ どんな効果が ある？	・部下の話をありのまま・そのまま、まずは受け入れる 　⇒話し手の**心理的安全性**が保たれ、気分が楽になったり自尊心を持つ 　　ことができる ・否定的もしくは指示的な関係性においては、部下は防衛的になり、自 　身について語る・自身の内面と向き合う等をしなくなる ・**「ありのままの受容」は部下の意見に対する「賛成」「同意」とは異なる** 　⇒まずは**「話してよかった」**と部下に思われることが重要

Dos：行うと効果的なこと	Don'ts：行うとマイナスなこと
・部下から見えている景色・それに対す 　る感情の存在自体をまずはそのまま受 　け入れる 　－相手の状態に左右されない 　－無理に話を合わせる必要はない 　－不必要に否定する必要はない ・そのまま受け入れている状況が部下に 　伝わるようにする 　－自分の話をまずは聞いてくれる、と 　　思わせる 　－部下の言動を100％信じ、部下の気持 　　ちに寄り添う	・反射的な指摘・修正 　－部下の認識と上司自身の認識に差異 　　がある場合、反射的に指摘・修正を 　　する 　　「～すべきだ」「～したほうがよい」 例） 部下：自分の仕事の水準は高い 上司：まだまだ足りていない と考えている ⇒部下が「水準が高いと"考えてい 　る"」ことは事実 　＝そのまま受け入れる（賛同はして 　　いない） 　「給料を考えるともっと成果を…」 　等、上司の意見は排除

めるものではなく、あくまで上司と部下の関係性の土壌づくりである。
上司の眼鏡ではなく一個人として、時には部下の眼鏡で見える世界観を
ともに理解し、信頼関係構築につなげる。

　上司として反射的に行いたくなるフィードバックは、この段階では抑
えていく。その進め方は、[**ケース2**] のスクリプト例（良いスクリプ
ト）を参照されたい。

　真面目で責任感の強い上司ほど、スクリプトの「悪い例」のとおり、
自ら考える、あるべき状態に早く近づけようと、無意識のうちに改善・

問題解決に向かってしまう。まずは雑談ができれば十分というくらいの心持ちで臨んでいただきたい。上司から“いいフィードバック”を返すよりも、部下の話のテンポに合わせる・部下が使う言葉に返答（リフレーミング）するなどで、相手の精神的安心の場を作るほうが有効である。

ケース2　面談スクリプト　信頼関係構築フェーズ
■上司（安達さん）・部下（片岡さん）のペルソナ設定
【片岡さん（年上部下）の設定】

- 上司とは普段はあまり会話をする機会はない
- 年下の上司なので自分を尊重、配慮してくれているのだろうが、もっと遠慮しないで頼ってほしい
- 安達部長は、経営企画から異動で部長に抜擢された。部長の人柄などはイマイチ分かっていない
- 現行部署の業務のことであれば自分のほうが分かっている
- 苦労もなく、部長に昇進できた上司には、自分のような人間が普段考えていることなど分かるわけないと心の片隅では思っている
- とはいえ、お互いに特に感情的な凝りがあるわけではなく、会話は普通にできる関係性である
- 総務に10年いるので、ほとんどの部署の役職者（上位者）とは話ができる
- 自部署も含め、部下とはコミュニケーションが不足しているかもしれないが、仕事は役職者に決定権があるので差し支えないと思っている
- 部下の中にはまだ総務の仕事を十分に理解していない者もおり、自分がやらないとこの部署の仕事は回らないと思っている
- 特に特定領域の仕事（会社の行事／総会準備など）は自分が前面に出て調整しないといけないと強い自負を持っている
- 文書管理や資産管理などの事務的な作業はあまり得意ではない。これらの仕事は部下の仕事だと思っている

【安達さん（年下上司）の設定】

- 片岡さんは現行部署、社歴も含めベテラン社員であり、業務推進において欠かせない存在だと思っている
- 一方で、自分より年上であり経験も持っている。自分は年下で業務経験も浅いことから、関わり方が難しいと感じている
- 片岡さんは現行の部署で次長を目指しているとは思うが、可能性としては難しい
- 責任感を持っていい仕事をしてくれるとは思うが、周囲がとっつきづらい印象である
- 53歳でポストオフしたら、孤立してしまうことが危惧される
- 片岡さんはプレイヤーとして責任感があるが、自分の仕事を抱え込みすぎるところがある
- 特定領域についての関心はあるが、それ以外の仕事についてあまり関心がないようにも見える
- 今後は他の領域でもこれまでの経験を活かしてプレイヤーとして挑戦してほしいと思っている
- 部下とのコミュニケーションを通じて、今やっている仕事を可視化したり、マニュアル化したりしてほしいと思っている

【当該会社の総務部の役割】

- 総務部として目指すところは全社のレベルアップ
- 社内すべての部署と関係を持つ社内で唯一の存在
- 主な業務としては、会社の行事やイベント業務、文書・印章、固定資産、備品、消耗品などの管理、福利厚生や安全衛生管理等
- 安達さんは部長として業務の効率化、標準化、可視化をミッションとして異動してきている

■良いスクリプト（太字：重要なポイント）

安達：「今日はお時間いただきありがとうございます。先日の全社火災訓練の
　　　準備、本当にお疲れさまでした（**実際のエピソードを交える／褒める・
　　　感謝する**）」

【上司の感情：まずは先日の業務のお礼から伝えよう。あれは結構助
かったし】

片岡：「あ、いえ…。まあ、いつもどおり大変でしたけど、無事に終わってよ
　　　かったです」

【部下の感情：面談、面倒だなぁ】

安達：「そうですね。私はこの部署に来て初めての火災訓練でうまくいくか心
　　　配で、片岡さんがいてくれて本当によかったです（**上司の思いを自己開
　　　示**）」

片岡：「あ、いや、そうですかね。まあ、いつものようにやっただけですか
　　　ら…」

【部下の感情：急に褒められても…なんか気恥ずかしいが、まあうれ
しい】

安達：「片岡さんは、他部署の役職者とよく話されているから、当日の準備が
　　　とてもスムーズにいったと思いました。特に訓練の人員を出してもらっ
　　　た品質保証部との調整、本当にありがとうございました（**実際のエピ
　　　ソードを交える／日頃から仕事ぶりを見ていることを伝える**）」

【上司の感情：できるだけ具体的な行動をフィードバックしよう】

片岡：「まあ、品質保証の田中部長は同期なんで…付き合い長いですから。こっ
　　　ちの言うことも結構聞いてもらいやすいんですよ…」

【部下の感情：まあ、このくらいはいつもやっていることだけど、部長、
結構細かいところ見てるなぁ】

安達：「そうですか、田中部長とは同期なんですね」

片岡：「私たちの代は同期が多いんで、こういう会社行事に参加してもらうと
　　　きは、結構融通きかせてもらってるんですよ。人を出してもらったり、

役割を依頼したり…」

安達：「そうだったんですね、片岡さんの他部署の役職者とのコミュニケーションが、総務として依頼しやすい状況を作ってくれていますね（**上司視点で強みを伝える**）」

　　　【上司の感情：なるほど、同期に部長もいるんだな。同期や上とはコミュニケーションが取れているみたいだな。下の人間とはどうだろうか？】

片岡：「まあ、ここ長いですからね。それくらいしかないですから…」

　　　【部下の感情：部長、いいこと言うな。そうそう、コミュニケーションだよ】

安達：「いや、それがあったからとても助かりました（**改めて感謝**）」

片岡：「そうですかね…」

安達：「総務は社内すべての部署と関係を持つ部署ですし、片岡さんのように同期つながりで依頼できる力があるのはありがたいです。私はまだここへ来て日が浅いですし、そういうネットワークがないから、そこはぜひ今後も期待したいです（**上司視点で強みを伝えて、視座を上げる／期待を伝える**）」

　　　【上司の感情：役職者とのコミュニケーションは大事だし、私自身まだ築けてないから、そこは片岡さんに力になってもらったほうがよさそう】

片岡：「そうですか…いや、部長だってこれまでの関係性あるでしょ。結構いろんな部署を経験してきたって聞いていますよ」

　　　【部下の感情：そうは言っても、部長なんだし、結構やってきてるでしょ…】

安達：「確かにいろんな部署にいたんですが、総務部として、気軽に他部署に依頼できるような関係まではまだ築けてないと思うんですよ（**上司からの自己開示**）」

片岡：「まあ、来たばかりですからね」

　　　【部下の感情：確かに総務経験は初めてだし、俺のほうが長いしな。ここは俺のほうができるだろう】

安達：「私自身、総務部として、部員全員が他部署とスムーズなコミュニケーションを取れる部署にしたいと思っているんです（上司からの自己開示）」

【上司の感情：片岡さんだけの強みにしておかないで、部全体としてそうしたスキルを蓄積したい】

片岡：「そうですか…まあ、確かにいろんな部署とコミュニケーションを取らないといけないですしね…」

【部下の感情：へー部長はそんな部署にしたいと思ってるのか…】

安達：「そのためには、ほかの人にも片岡さんのように他部署とのコミュニケーションを積極的に取ってもらいたいと思っています」

【上司の感情：部下にもそのノウハウを教えてほしい…】

片岡：「はあ…でも、ほかのメンバーはなかなかうまくできないですしね…」

【部下の感情：いやいや、まだほかの者には任せられないし】

安達：「なるほど、ほかの部員はなかなかうまくできないんですね（まずは受け入れる、判断も評価も否定もしない）」

【上司の感情：なるほど…この仕事は部下に手を出させないようにしているのかもしれない】

片岡：「だから、そのあたりは自分が先回りしてやるようにしてるんです」

安達：「先回りしてやるようにしている…（まずは受け入れる、判断も評価も否定もしない）」

片岡：「そうですよ、お膳立てしてやってるんですよ。そうしないとできない人が多いですしね。そこは自分がやらないといけないんですよ」

【部下の感情：これは俺しかできないしな…】

安達：「なるほど…片岡さんがお膳立てしないと、できない人が多いんですね」

片岡：「そう」

安達：「ちなみに実際、誰かに任せてみたこと、ありますか？」

【上司の感情：部下にはこの仕事をさせないのだろうか？】

片岡：「まあ、この仕事は自分が一番長いし…任せるってのはね…まだね…」

【部下の感情：なんだ？　この仕事は俺の得意分野だぞ、俺に任せておけばいいんだよ】

安達：「そうですか、まだ任せてみたことはないんですね **（まずは受け入れる、判断も評価も否定もしない）**」

片岡：「そうですね、結構大変だし。ほかの人はほかの仕事もあるしね」

【部下の感情：これは俺の得意分野だし、今後も任せてもらえれば、ちゃんとやれると思ってるんだけど】

安達：「なるほど…そうですか **（まずは受け入れる、判断も評価も否定もしない）**。例えば、どんなサポートがあれば、ほかの人たちも片岡さんのように動けそうですか？ **（視座を上げるための問い掛け）**」

■悪いスクリプト（太字：重要なポイント）

安達：「今日はお時間いただきありがとうございます。先日の全社火災訓練の準備、本当にお疲れさまでした **（実際のエピソードを交える／褒める・感謝する）**」

【上司の感情：まずは先日の業務のお礼から伝えよう。あれは結構助かったし】

片岡：「あ、いえ…。まあ、いつもどおり大変でしたけど、無事に終わってよかったです」

【部下の感情：面談、面倒だなぁ】

安達：「そうですね。いろいろ大変だったんじゃないですか？ **（普段の具体的な仕事ぶりを把握できていない）**」

【上司の感情：10年もいて、何度も経験しているんだからできて当然だよな】

片岡：「まあ、そうですね、準備とか…他部署との調整とか結構大変でしたね」

【部下の感情：準備で大忙しだったこと、部長は見てなかったのか？？】

安達：「片岡さんには、積極的に動いていただいたので、よかったです **（強みを抽象的・一般的な表現で伝える）**」

【上司の感情：まあ、積極的に動いてもらったのはよかったし】

片岡：「そうですか…まあ、自分が動かないといけないことも多かったですしね」

【部下の感情：なんか適当に褒めてるよなー、ちゃんと見てるのか？】

安達：「片岡さん自身が動いてくれるのはありがたいんですが、メンバーにも積極的に動いてもらわないと…ちゃんと指示してくれました？（**改善点から指摘する**）」

【上司の感情：課長なんだから、部下にも動いてもらえるようにしないと】

片岡：「ああ…他部署との調整は私のほうが慣れてますし…」

【部下の感情：はあ？　他部署に人員出してもらったりする調整は結構大変なんだぞ…ほかの者に任せられるかよ】

安達：「でも、部下を育てるためには、やらせるべきですよねー。みんなにも成長してもらわないと…（**反射的に指摘、修正してしまう**）」

【上司の感情：いやいや、あなたが口出しするからほかの人が成長しないんでしょ】

片岡：「まあ、そうですけど…結構大変だし。ほかの人はほかの仕事もありますしね…」

【部下の感情：なんだよ、結構大変だったのに。確かにほかの者の成長は大事だろうけど、いちいち教えていたら、仕事回らないし】

安達：「まあ、そこのところは、うまくやってほしいんですよね（**一方的に希望を伝えている、相手の反応を見ながら対話できていない**）」

【上司の感情：課長なんだから、それを調整するのが仕事でしょう】

片岡：「はあ…そうですね…」

安達：「総務としては、効率的に仕事を進めてほしいですよね。だから、片岡さんのやっていることはほかの人にもできるようになってもらいたいんですよね」

片岡：「確かにそうですけど…私は総務が長いですし、他部署との調整は結構

得意なんで…だから先回りしてやったほうが効率が良いかと…」

【部下の感情：こうやって総務を回してきたんだぞ。少しは感謝してもらってもいいと思うけど…】

安達：「そういう部分もありますが、仕事は多いですからね（**そのままを受け入れていない／相手の話を否定・判断・評価している／反射的に指摘、修正してしまう**）。片岡さんにはほかにもやってもらいたいことがありますし」

片岡：「ほかにもというと？」

【部下の感情：これまでの経験はどうなるんだ？】

安達：「文書管理とか資産管理とか、事務回りの仕事って結構ありますし、今後はそういったこともプレイヤーとしてやってほしいんですよね（**一方的に役割を伝えている**）」

【上司の感情：次長は無理なんだから、せめてほかの業務もできるプレイヤーとしてやってほしい…】

片岡：「あーその仕事は○○さん（部下）の仕事ですよね」

【部下の感情：いきなり、部下がやっている仕事もやれってどういうことだよ。それにその仕事はあんまり得意じゃないし…】

安達：「いや、○○さんからは1人では大変だって相談されてて。片岡さんはこの部署が長いし、そういった仕事もできるんじゃないかと思っているんですよ」

片岡：「はあ、そうなんですか」

【部下の感情：ほかの者の相談は聞いているのに、俺の話は聞かないのか？】

安達：「これからそういうこともぜひやってほしいですよね。片岡さんは積極的に動いてくれますし（**部下の強みを聞けていない＝活かしきれていない**）。ほかのメンバーも成長してもらわないといけないですしね（**一方的に希望を伝えている**）」

片岡：「そうですか…」

【部下の感情：ほかのメンバーの成長？　俺はどうなんだ？　部下のやっている仕事を手伝っていればいいってこと？　俺には成長は必要ないってこと？】

安達：「片岡さんはご自身の仕事を任せようとしないところがありますよね（**課題から指摘する**）。積極的にやってもらうのはありがたいんですが、部下育成には任せることも必要ですよ（**強みは抽象的でそのまま、後どれだけ足りないかという点ばかり指摘**）。よろしくお願いしますね」

【上司の感情：とにかく、特定領域だけでなく、ほかの仕事にも携わってもらわないと部署として回らないし…】

［6］初回1on1を実施する前にできること（1on1実施前準備）

　ここまでで、年上部下との1on1はどのように始め、どのように進めるのか、おおよそイメージを持っていただけたのではないだろうか。

　そこで、上述した信頼関係構築フェーズで行うべき三つのスタンス、「どんなふうに話すのか？　上司の立ち居振る舞い」の実効性をより高めるために、1on1開始前から準備できる以下の2点を紹介する。

①自分（上司自身）のキャリアを振り返る

②「聞く」姿勢を整える

（1）自分（上司自身）のキャリアを振り返る

　1on1を行うに当たり、上司は自分自身のキャリアをどれだけ捉えているだろうか。自身の価値観や仕事における内的動機をどれくらい語れるだろうか。

　外的動機のみではモチベーションの維持が難しい年上部下のキャリアを支援するに当たり、内的動機に基づいてキャリアを考えるということが「具体的にどういうことなのか」を自分の言葉で語れると、年上部下の伴走には役に立つ。キャリアに関する最高の学びは、他人のキャリアを考えるよりも前に、自分自身の経験の棚卸しをすることである。これ

まで自身が経験してきたことを振り返り、仕事に向き合う上での価値観、強み、課題を言語化することが、キャリアを考えていく上での出発点となる。

- 当時の上司に対して、自分自身がしてほしかったこと（上司がしてくれたことではない）は何か？
- 過去を振り返り、ついていきたいと思えた上司／思えなかった上司は誰か？　それはなぜか？

　自分のキャリアを振り返りながら、自己の価値観や内にある軸を明確にしていく。そして、今の部下は、上司である自分にどのようなことを望むのだろうかという問いに対し、主語を置き換えて考えてみる。リカレント教育などが叫ばれているこの時代に、キャリアの見つめ直しが必要なのはミドル・シニア社員（年上部下）だけでなく上司自身も同様である。

　上司自身が自分の内的動機を理解し、自己の軸に照らして判断し、自分のモチベーションを自分でコントロールできる感覚を持っていると、部下の気持ちや鬱屈<small>（うっくつ）</small>とした葛藤にも効果的に寄り添えるようになるだろう。

（2）「聞く」姿勢を整える

　幸せの在り方同様に、キャリアにも万人に共通する正解はない。上司にも答えや実績・経験がない中で、部下が自律的にキャリアを描き、日常の中で経験学習のサイクルを回せるようになるためには、「部下自身が十分に話をすること」が重要になる。その際、上司としての「聞く姿勢」はどうだろうか。年上部下からどう映るだろうか。上司は、自分自身が１on１でどのような言動を行っているかを一度かがみの前で確認してほしい。部下が"話したい・話してみよう"と思える表情や態度になっているだろうか。部下の日常に対し、助言・指摘しようとする気持ちばかりが表に出ていないだろうか。

　エグゼクティブコーチングの手法の一つに、「相手の士気を下げる口癖を取り除く」というアプローチがある。無意識のうちに人の士気を下げ

るような口癖を使っていないか、話をすばやく簡潔にまとめようとしすぎていないか、相手のペースで相手が話し終わるまで場の空気を壊していないか、1on1の場面を想像しながらいま一度聞く姿勢を整えることを推奨したい。

補足までに、「どんなふうに話すのか？」の一つ目の要素である「部下の強みを伝える／部下との対話に興味を持つ」（182ページ参照）も、1on1開始前から準備するとよいだろう。対話の基本は、相手をよく知ることである。人は、自分をよく知る相手には貢献しようという思いが働くものである。言葉や価値観の合わない年上部下とは、可能であれば距離を置きたい、なるべく触れない関係にしておきたいということもあるだろうが、それではマネジメントはできない。

興味を持って相手の日常業務などを観察する、または部下本人だけでなく部下の周囲にいる第三者にもヒアリングを重ねてみる。さまざまな角度・立場・状況から具体的に情報を仕入れ、地道にメモに残す習慣をつけるといい。初期段階は表面的な事実情報の収集から始め、「相手の価値観や内的動機」を徐々に想像し、深掘りをするための「問い」を蓄えておくと、「1on1で会話が続かない…」「沈黙が重い…」という状況の回避につなげることができる。

加えて上司には、さまざまな役割がある。目の前の業務に関して話をする際、上司には「管理者」として適切な指示・命令・決断がこれまでどおり求められるだろう。かたや、中長期的なキャリアの話をする際は、「支援者」として相手を理解・尊重・傾聴することが期待される。1on1においては、今何の話をしているのか、どんな役割・顔が求められているのかを意識しながら、上司として求められている立ち位置を考えて臨むことを期待したい。「管理者」として部下に話をする際、その立場を明確化するために、「これは上司としての立場で申し上げますが」という一言を添えるだけでも相手は受け入れやすくなるだろう [図表5−17]。

図表 5 −17 指導者・支援者として求められる要件

	ティーチング（指導者）	コーチング（支援者）
内　容	上司がメンバーに仕事のやり方を具体的に指示する	上司が質問しながら、メンバーから答えや気づきを引き出していく
前　提	上司が何らかの解を持っている	上司は解を持っていない、もしくは解は多様にある
特　徴	• 業務のやり方や組織の価値観を統一できる • 知識や経験のない人に、あるべき姿をキャッチアップさせるのに向いている	• 問題を見いだし、自ら考え、行動し、解決できる「自律型人材」を養成できる • 相手が持っている考えやアイデアを引き出しやすい
求められる要件	業務経験、専門知識	相手を理解、尊重し、話を聞く力

3 年上部下への接し方のコツ：躍進行動支援フェーズ

　年齢逆転マネジメントにおいて一定の信頼関係が築けている状態が整ってきたら、いよいよ部下自身のキャリアについて深掘りをし、将来に向けたキャリア自律・躍進行動の促進支援につなげる 1 on 1 へと移行するステップとなる［**図表 5 −18**］。

　ただし、信頼関係がある程度築けたこの時点においても、部下は自己の今後の課題である躍進行動に対する理解や必要性を感じているわけではない。また、上司に対して一定の自己開示は行っていたとしても、自己理解を十分に行った上で、自分自身を変えていく必要性を感じてはいないだろう。

［1］躍進行動支援前の部下の状態
　ミドル・シニア社員においては、次のような現象がよく見られる。
①大きな目標はなく、新しいことに挑戦しようとしない

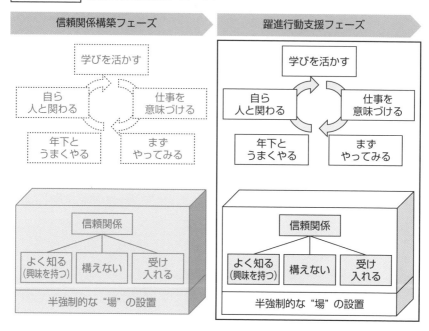

②現状の繰り返しで満足し、課題感や客観的自己認知が欠如している

③現状の見るべき問題や将来の不安と対峙しない

（1）大きな目標はなく、新しいことに挑戦しようとしない

　年上部下は、これまで外的要因（地位、権力、報酬など）によって動機づけられていたため、40代のころから、自身が昇進ルートの第一線から外れたり、役職定年によって職位を外れたりすることで、これからは"大きな見返り"がないものと認識し始める。このため本人は「このまま定年までほどほどに働き続け、ほどほどの条件で再雇用されればよいし、このままでいれば悪いようにはされないだろう」と捉えるようになる。要はインセンティブが効かないため、部下としては大きな失敗さえなければよく、仕事においては高望みを一切しなくなるといえる。

　前掲第2章の「五つのタイプの就業特徴」（53ページ参照）に記載のとおり、いわゆる「伸び悩みタイプ」は、会社や職場の人間関係・直属の上司など自身を取り巻く環境に対する満足度が低い。一方で、不満のエネルギーが状況打破の方向へ向かうかといえばそういうわけでもない。このカテゴリーに属する人は、現状に不満を抱きつつも、新しい環境への興味は薄く、失敗・恥をかくことを恐れて新しいことには挑戦しない。

（2）現状の繰り返しで満足し、課題感や客観的自己認知が欠如している

　また、「伸び悩みタイプ」は、慣れ親しんだ業務のやり方・周囲との環境の中で、現在の自分の業務や成果に対しては、課題や疑問を抱いていない。自己評価としては十分成果を出している・見合っている・今のままでよいと考えているタイプである。周りと比較し、決して飛び抜けて高い成果を上げられていると考えているわけではないが、それなりのことはきちんとやっていると考えている。自分より年次の浅いメンバーと比べると給与も高く、相応の高いパフォーマンスが求められるのに、それに応じたストレッチした目標に挑戦しようとはしない。

　この状況は、必ずしも本人だけに起因する問題ではない。ある一定年齢を超えた非管理職層または年上部下に対しては、毎年同じような内容の目標設定とB評価（＝標準評価）を付けたままにしている実態が散見される。上司はこれまで、目標設定においても本人にストレッチした目標設定を求めるような指導と労力はかけてこなかったし、評価結果に関してもモチベーションの低下を恐れるがあまり、差し障りのない寛大化・中心化の評価を行ってきたのではないだろうか。これは、年上部下に対して、会社や上司から「今のままでいい・今のままで十分だ」というメッセージになっている。結果として、年上部下は周囲からの客観的な自己評価と自己認知に乖離があることに気がつくことができない状況にいるといえよう。

（3）現状の見るべき問題や将来の不安と対峙しない

　周囲の期待と自己評価とのギャップや、将来起こり得るかもしれない不都合な事実にたとえ気づいていたとしても、ミドル・シニア社員が実際に何か行動を起こしているかというとそういうわけではない。目の前の業務遂行に追われる日々の中で、漠然とした不安を先送りし、正面から向き合わないまま月日が経過しているという状況は往々にしてある。役職定年前の準備として何を行っていたかという調査結果においては、3割強が「備えは特に行っていない」と答え、2割強が「極力考えないようにしていた」という回答が出ている［**図表5－19**］。

　このような状態に該当するミドル・シニア社員は、真実に目を向けないため、事業環境や周囲が変化・成長する中で、「変わらない」ことは「価値の劣化」につながることに気づかないままでいる。そのような部下が現状から「躍進行動をとることができる状態」へとシフトしていくためには、どうすればよいのかという"方法"の前に、"なぜ、躍進行動をとる必要があるのか？（とらないとどうなるのか？）"の問いに対する腹落ちをしてもらう必要がある。

［2］躍進行動の必要性を考える

　年上部下が躍進行動の必要性を自分事に引き寄せるためのアプローチを二つ紹介する。

　一つ目は、キャリアの節目（○代最後、役職定年、定年など）のありたい自分像を具体的に描き、ありたい姿に向け躍進行動がどうキャリアに影響するかをイメージしてもらうアプローチである。

　二つ目は、自分がどれだけ躍進行動がとれているかを、チェックリストを用いて、上司と部下の相互評価のズレからギャップの解消を図るアプローチである。

（1）躍進行動がキャリアにどう影響するかイメージする

　役職定年後や再雇用後といった特定タイミングの将来キャリアを想定

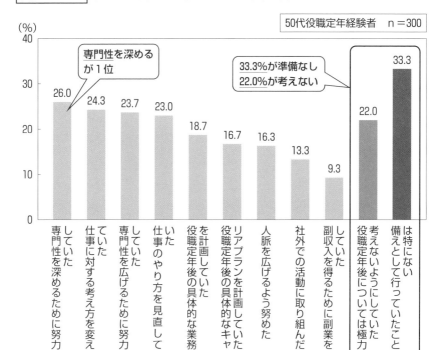

図表5-19 役職定年後の変化に対する事前準備

50代役職定年経験者　n＝300

専門性を深める
が1位

33.3%が準備なし
22.0%が考えない

(%)

- 26.0 専門性を深めるために努力していた
- 24.3 仕事に対する考え方を変えていた
- 23.7 専門性を広げるために努力していた
- 23.0 仕事のやり方を見直していた
- 18.7 役職定年後の具体的な業務を計画していた
- 16.7 役職定年後の具体的なキャリアプランを計画していた
- 16.3 人脈を広げるよう努めた
- 13.3 社外での活動に取り組んだ
- 9.3 副収入を得るために副業をしていた
- 22.0 役職定年後については極力考えないようにしていた
- 33.3 備えとして行っていたことは特にない

し、「あなたは、そのときをどのように迎え、その先をどうしていきたいか？」という話を部下と行う。その際に、望ましい姿と現状の延長線上における将来のギャップは何か、ギャップを埋めるためには何をすべきかを部下とともに考え、課題を明確化していく。新卒一括採用・典型的な年功序列の環境で企業に長く勤務してきたミドル・シニア社員は、組織から与えられた役割を全うするという受け身の意識が強く、自分本位の視点で「したいこと（Want）」や「方向性（Will）」をイメージできる人は少ない。

そのような場合は、他者を引き合いの対象にしてもよいだろう。例えば、共通の特定人物を想定しながら、"あの人のようになりたい""彼を

反面教師にしていきたいと思う”などイメージを合わせた上で、その対象となる人物が“どのような躍進行動を発揮したと考えられるか”と“発揮しなかったと考えられるか”との違いを考えていくとよいだろう。モデルとなる人物を通して部下自身はどのようなキャリアを描きたいのかを自分事として置き換えていくのである [**図表5−20～21**]。

図表5−20 躍進パターン

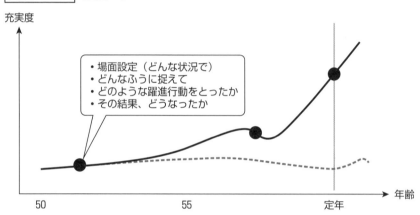

図表5−21 伸び悩みパターン

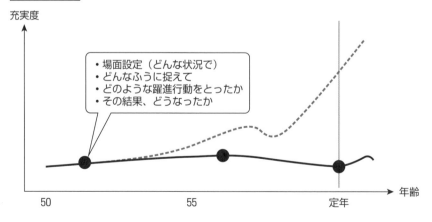

　誰しもが将来のキャリアはハッピーな状態にしたいと思うものである。その上で、実現に必要となる躍進行動に関して興味を持ち、必要性を認識してもらうことが重要である。

（2）躍進行動の発揮度を測るチェックシートの活用

　行動チェックシートを使い、現在の年上部下の躍進状態を自己視点と上司視点の双方で評価してみる。結果として両者には必ずと言っていいほど数値の乖離が生じるものである　[**図表5−22**]。

　可視化されたレポートが存在すると、乖離（点数ギャップ）の背景や要因について具体的に考えやすく、改善に向けた具体的な話に持っていきやすい。加えて、360度評価を導入することで、上司以外の他者（同僚など）の点数結果も可視化できれば客観性が担保されるため、課題と改善に向けた対話がより進めやすくなる。

［3］どんなテーマで話すのか？　1on1のテーマ

　部下が多少なりとも「躍進行動は何か」を知り、「躍進行動の必要性」を感じ始めたら、具体的に躍進行動の支援につながる話題へと移行していく。チェックシートの使用のいかんを問わず、部下は本人が考える強みと弱み、周囲（上司）が考える強みと弱みを持っている[**図表5−23**]。では、どの領域から1on1のテーマとして挙げていくとよいだろうか。

　まず会話として焦点を当てるべき対象は、部下・上司ともに"強み"と認識している部分（[**図表5−23**]の①）からである。

　関係性が構築されたばかりの段階において、他者視点の評価や他者との差異を本人にフィードバックすることは、難易度が高い。これによって関係性が壊れてしまったり、当人の意欲をそいでしまったりする可能性があるからだ。あるべき人材像を画一的に定義し、全員にそこを目指してもらうことを目的とした旧来の人事管理であれば、あるべき人材像から見た課題を改善するアプローチであってもよい。しかし、キャリア

行動チェックシート	あてはまらない	あまりあてはまらない	どちらともいえない	ややあてはまる	あてはまる
	1	2	3	4	5
新しい仕事は、まずやってみて、修正していけばいい					
新しい仕事や業務でも、まずやってみる					
新しいことを試すなら、失敗をしてもかまわないと思う					
前例や枠にとらわれずに仕事をするほうだ					
自分の業務が経営にどのような意味があるのか理解するようにしている					
会社全体の状況を踏まえた上で、自らの仕事を進めている					
業務にどのような意義があるのかを、新しく捉え直すようにしている					
個々の業務を行う時は、全体の中での位置づけを考えるようにしている					
上司が年下であっても、割り切って仕事を進めることができる					
仕事を進める上で、相手の年齢にはこだわらない					
年下の人の指示を素直に受け入れることができる					
年下の人からも学ぶようにしている					
必要な情報を集めて、経験したことを分析している					
他の状況にも当てはまるような仕事のコツを見つけている					
経験した結果を自分なりのノウハウに落とし込んでいる					
経験したことを多様な視点から捉え直している					
仕事上は、なるべく多くの部門と積極的にコミュニケーションするようにしている					
仕事上は、なるべく多様な人々との関わりを増やすようにしている					
仕事上は、積極的に異なる意見や主張を周りから引き出すようにしている					
仕事上、人とうまく付き合うことが得意なほうだ					

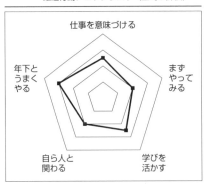

躍進行動チェックリスト（上司が評価）

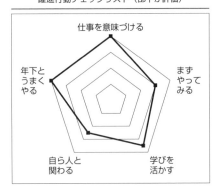

躍進行動チェックリスト（部下が評価）

| 図表 5 −23 | 1 on 1 の進め方

上司と部下の認識の差

進　め　方

1. ・強みを強化しながら、自律的な学習とは何かを知る
小さな成功から自己効力感を得る

2. ・部下の視座を上げる
上司・組織視点で強みと捉えられる部分を強化する

3. ・部下の弱みの改善を支援する
現状を客観的に捉え、改善の必要性の認識をそろえる
その上で支援する

4. ・リフレクションを促す
課題と決めつけ指摘するのではなく、上司は "かがみ" となり内省を促す

においては正解はないので、強みを軸にしたアプローチをとるほうがふさわしい。

　次に進むべきなのが［図表 5 −23］の②である。部下が弱みと捉えていることに対し、本人が感じている課題を受け止めつつ、異なる視点において強みとなっていることを伝える。また、上司からの視点でネガティブな要素も、チームメンバーの視点からは強みになっていることもある。［図表 5 −23］の③の上司・部下とも課題・弱みと感じていることに関しては、部下のありたい姿をいったんのゴールとしたときに、何が労力をかけて変えるべき対象となるのかの認識をそろえるとよいだろう。決して完璧を目指す必要はない。

　最後の［図表 5 −23］の④は非常に扱いが難しい。上司は、改善すべき部下の課題・弱みと捉えているが、本人は強みだと感じているからである。部下の視点で見た場合、第三者から明確な指摘は受けてこなかった可能性もある上に、当人なりの自負心を持っているため、まずは本人

の話を丁寧に引き出す必要がある。その際に上司から一方的に「課題・改善すべき」と決めつけて指摘するのではなく、部下の主張や考えを引き出し、受け止めつつ、上司が"かがみ"となり部下の内省を促していきたい。

　部下の強み・課題に対してお互いの認識を明確にした後は、"躍進行動"を、部下を主語とした具体的な内容に置き換えていく。「仕事を意味づける」「まずやってみる」「学びを活かす」「自ら人と関わる」「年下とうまくやる」という躍進行動の五つの因子に、部下の特性や周囲の状況に応じた"らしさ"や"ならでは"を加味することで、具体的にはどういうイメージとなるのかを部下とともに考えてほしい。

［4］躍進行動シートの活用

　躍進行動を、部下を主語に置き換えていくために、[**図表5－24**]のような躍進行動シートを準備するとよい。

　シートで担保したい要素は二つある。一つ目は躍進行動の全体像が見えることである。全体としてどのような要素が求められるのかを押さえた上で、今どこに集中して改善するのか、それは全体においてどのような位置づけなのかを理解して取り組んでもらう。二つ目は本人の言葉で書き直すことである。会話だけではどうしても後で記憶が曖昧となり、行動改善につながりにくい。多少手間でも明文化することが重要である[**図表5－24**]。

　シートの準備ができたら、記入時は次の3点に留意いただきたい。
①中長期的視点と短期視点の両面を意識する
②強みの強化から始める意識を忘れない
③躍進行動シートは対話を通じて部下と一緒に作る

（1）中長期的視点と短期視点の両面を意識する

　役職定年後や定年後再雇用といった将来キャリアを想定しつつ、短期的には、まず具体的にどのような行動を起こすのか、言動を変えていく

図表5─24 躍進行動シート

	躍進行動	躍進行動を部下の状況・言葉に置き換えると？	
		強みを伸ばす	弱みを改善する
対 仕事・業務	仕事を意味づける	・×××××	・×××××
	まずやってみる	・×××××	・×××××
	学びを活かす	・×××××	・×××××
対 人・組織	自ら人と関わる	・×××××	・×××××
	年下とうまくやる	・×××××	・×××××
＋α	その他	・×××××	・×××××

のか、躍進行動に近づけていくか、大きな世界観と小さな一歩がつながっているかを確認しながら具体的な行動に落とし込んでいく。

（2）強みの強化から始める意識を忘れない

　仕事モードで無意識に行うと、どうしても課題・弱みの改善という思考にいきがちになる。しかしながら、これはあくまで「個人」の活躍を目指す将来キャリアを想定することを目的としたものであり、そのためには自己効力感を高めてもらうことが何より大事である。自己効力感は自己の変革に向けたエネルギーとなる。まずは具体的な強みを見つけ、承認し敬意を払い、強みの強化に集中していきたい。また、強みを伸ばすことで、他領域にどのような波及効果がありそうかをともに考えておくと、課題の象限に移行した際も検討がしやすい。

（3）躍進行動シートは対話を通じて部下と一緒に作る

　躍進行動シートの最初のたたき台は、上司と部下の対話の中で双方の認識を合わせた後に、部下自身で落とし込んでもらうようにしたい。時間効率化の観点から部下が下書きを持参するというアプローチもあるが、双方の認識合わせがないまま、部下がたたき台を作成していくと、認識の差があった場合の修正に苦労することになる。対話を通じて内容を組み立てたほうが認識のズレも生じにくく、結果として時間の短縮になる

だろう。また、シートは全項目を1回で埋めきる必要はない。記載内容は状況に応じて随時変更するものという位置づけで認識しておくとよい。

　上司と部下が協働し躍進行動シートへの落とし込みができたら、シートを基に今後どのような方向で何から取り組むかを部下と対話する[図表5−25]。その際、本人が描くありたい姿へ近づくための大まかなステップは描きつつも、まず足元で取り組みやすい一歩から始めるのがよいだろう。小さくても一つずつ確実に前進することで、自己効力感が高まり、次につながるのである。

［5］どんなふうに話すのか？　上司の立ち居振る舞い

　躍進行動における部下との目線が合ってきたら、部下の変化に関心を傾け、観察を続ける。部下自身による気づきが生まれ始めたら、徐々に部下による意識・行動変容への意思決定を引き出していきたい。そのために、躍進行動支援フェーズにおいては、上司は以下の三つのスタンス

図表5−25 話題・テーマの絞り込み

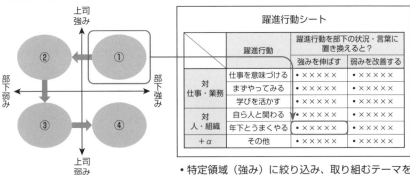

・特定領域（強み）に絞り込み、取り組むテーマを決める
・得意・強みを伸ばし、一つでも前進することで、自己効力感を高める
・強みをどのように、別領域に派生できるかを考える

を大事にしていただきたい。

①部下のありのままを映し出す／聞くことに集中する

②部下の意思決定を引き出す／部下の可能性を信じ、期待を込める

③日常業務における観察を続ける（1on1の場以外でも）

（1）部下のありのままを映し出す／聞くことに集中する

①なぜ、必要か？　どんな効果があるのか？

　上司と部下で認識を合わせた取り組みにおいて、行動を意識できたか／できなかったか、できたとしたらどのようなことを感じたか／できていないとしたらなぜかなど、取り組みを始めた部下の様子を丁寧に紐とく。部下の目線、感情を交えた状況把握の会話において、上司は徹底して部下を映し出すかがみとなっていただきたい。部下の話すペースに合わせて応答をし、部下の使った言葉を言い換える（リフレーミング）などして、部下が感じたことをできる限りありのままに映し出してあげることである。部下は自分の発した言葉を上司というかがみに映してもう一度知ることで、さらに気づきを深めることができる。

　その際、部下の話は最後まで十分に聞ききることが重要である。話が終わる前に、上司が自分の話や意見を言い始めたりすると、部下はそこで思考を止めてしまう。部下によっては、沈黙の時間が多く流れることもあるかもしれない。しかし、沈黙は部下が自分自身で考えを深めている時間であり、沈黙の怖さに負けないようにしてもらいたい。

②行うと効果的なこと（Dos）

　上司は、語りを聞くことに集中し、沈黙を恐れず、答えを急かさない［図表5-26］。上司という役割意識で「何かためになることを返さなくては」「何か示唆を与えなくては」と考える必要はない。相手の言葉を置き換えるだけで、アドバイスや示唆を何も返さない状態に抵抗感を持つ上司もいると思うが、話し手は、聞き手がありのままを受け止め、自分のペースで進む対話を「じっくり話を聞いてくれた」と感じるものである。部下の話の抽象度が高いときは、具体的なイメージが描けるような

部下のありのままを映し出す／聞くことに集中する

詳細 なぜ必要？ どんな効果が ある？	・対話に置いて、上司は部下を映し出すかがみとなる ⇒同じ事象でも部下が見えていない角度から見る／別の見方の存在を 　発見させる ⇒見えていなかった角度・側面から物事を捉えることで、客観的自己 　認知の向上・思考の掘り下げを引き出し、部下の頭の中の今まで動 　いていなかった部分を動かす ・沈黙を恐れない。答えを急かさない 沈黙＝「部下の考える時間」となる 仮に上司が経験豊富で適切な助言ができたとしても、上司の発言によ り、部下の学びは浅いままで終わる キャリアは答えがない世界であり、即答できる（＝言語化できる）種 のテーマではない

Dos：行うと効果的なこと	Don'ts：行うとマイナスなこと
・具体的なイメージが浮かぶような問い 掛けをする ぼんやり・モヤモヤ⇒具体的になるよ うに ー「もう少し詳しく話してください」 ・上司は語りを聞くことに集中する。部 下の気づきを引き出すために、部下の 表情や仕草を上司がかがみのように返 す ・上司は「何か示唆を与えてなくては」 と考え、かがみのようなスタンスに対 して「オウム返し」と抵抗を感じるが、 聞き手は「じっくり話を聞いてくれた」 と感じる ・時間をかけてでも「部下自身が考える こと」を大事にする	・上司としてアドバイスをしよう、と する 「どういうふうに進めたいか？」「誰か に相談したか？」など上司の理解のた めの質問を投げ掛ける 部下思いの上司ほど出やすい傾向だ が、それでは部下が考えなくなる／内 省できない ・上司が欲しい情報を得ることを優先し すぎる ⇒結果として、関係性構築への配慮が 　希薄になる

問い掛けや、話の範囲を少し限定した上で、「もう少し詳しく話してくだ
さい」など部下の内面をより具体的に表現できるよう、問いで導くこと
も有用である。最初は多少の時間を要するものの、1on1の時間内は効
率・生産性などにとらわれず、「部下自身が考え、整理し、口にするこ
と」を大事にしたい。上司自身が話しすぎることなく、部下が自ら発し

た言葉に気づくことで内省を促していきたい。

③行うとマイナスなこと（Don'ts）

　会話の中で部下から何らかの組織の問題に関する話を聞いたりすると、上司は問題解決の思考で話を進めようとしてしまう。また、部下が悶々としている姿を見ると、いち早く解決につなげようと「○○さんに相談したか？」「○○ということをやってみては？」などと先回りして指示をしたくなるものである。

　だが、それでは部下自身の自律や内省力は高まらない。言われたとおりにやるという受け身のモードに戻ってしまうだけである。ここでは、答えを返すのではなく、問いを投げて返答を受け止めることが重要である。

（2）部下の意思決定を引き出す／部下の可能性を信じ、期待を込める

①なぜ、必要か？　どんな効果があるのか？

　1 on 1 では部下の発言がベースであり、次の1 on 1 までに何をするか／しないかを決定するのも部下である。上司は可能性の選択肢を広げる支援はするが、意思決定は部下が行うのが基本である。また、意思決定においては「〜すべき」という「べき論」の発想だけでなく、「私は○○と思う」「私は○○したい」といった希望や夢（Want／Will）を引き出したい［図表5－27］。

　ミドル・シニア社員は、これまで社内で個人の希望、夢を語る機会は少なかった。その一方で、本人の意思ではない転勤・異動を含め、組織の「べき論」に従い続けてきた。だからこそ、「私自身はこう思う」「私はこうしたい」という思いと言葉を引き出すことは、自律的なキャリアを描く上で重要である。

②行うと効果的なこと（Dos）

　年上部下にとって、自分の主観・思いを吐露するという壁は高い。したがって、対話しやすい環境にはどんなものがあるかと思いを巡らす必要がある。どんな人間であれ、正解か不正解かがはっきりしない中で自

図表5−27 部下の意思決定を引き出す／部下の可能性を信じ、期待を込める

| 詳細

なぜ必要？
どんな効果が
ある？	• 「〜すべき」という考え方だけでなく、「〜したい」も引き出す 「市場はこういっている」「会社としてはこうすべきである」だけでなく、「私自身はこう思う」「私はこうしたい」を引き出す • 自分の強み・志向性に基づき、部下の意思を持った決定を促し、小さくても実験（やってみる）を積み重ねることを支援する

Dos：行うと効果的なこと	Don'ts：行うとマイナスなこと
• 内面の感情・価値観を引き出す問いを投げる 部下が話題にする経験・事象に対し、どう思ったか／どうしたいか、それはなぜか、と問いを投げる 内的動機に基づく・強みを伸ばす行動に着目する • 心理的安全性のある環境を創る 自分の思いを語るのは誰でも多少恥ずかしいこと 発言を否定されない・ばかにされない、上司がサポートを明言する等で、部下の心理的不安を取り除く	• 上司の"こうしたほうがいい"を押しつける 1on1や対話を通じた部下の学びや次の行動が上司の期待とずれた時、上司が修正・認識合わせをする ⇒部下との認識が異なっていたという事実を受け止める ⇒部下は、上司とは異なる認識の中で何かをきっかけとして、別のことを深め、学びを得ていることもある。否定してはいけない

分の主張・思いを語るのは、多少の恥ずかしさを伴うものである。その際に発言を否定されたり、上から評価されたりしたら、再び部下が素直な思いを吐露する可能性は低くなるだろう。

　どんな環境づくりが必要なのかは、部下の個性によるが、部下が主役の時間であること、誰かの正解を押しつけたり、不必要な評価をされたりする場ではないことを伝え、実行する。心理的安全性のある環境を作った上で、部下が対話に挙げた事象に対し、「どう思ったか」「あなたとしてはどうしたいか」「それはなぜそう思うか」など部下の内面（感情・価値観）を引き出す問いを投げ掛けてみる。その上で、本人が大事にする＝モチベーションにつながる価値観は何なのかを明らかにしていけると

よいだろう。

③行うとマイナスなこと（Don'ts）

　上司は無意識に自分のベストだと思っているやり方に固執してしまうことがある。1on1や対話の回数を重ねていると、必ずしも毎回部下と認識が合うわけではないことが分かってくる。上司からすると「なぜ、そういう思考になったのか？」「なぜ、あの話からこんな行動になるのか？」と思うような話が出るかもしれない。そのような場合もまずは「（上司と部下で）認識が合っていなかった」という事実を受け止めることが重要である。そして、「それはなぜか？」ということを考え、問いを通じて紐といていきたい。

　部下は、上司とは異なる認識の中で、上司には見えなかった何かをきっかけとして、別の角度からことを深め、学びを得ている場合もある。立場や視界が違うことによる認識のギャップで、上司が見えていない世界も多分にある。違和感があったとしてもそれを否定の形で表出するのではなく、事実を客観的に捉え、認識の違いがどこで生じたのかを、部下に寄り添い、部下の世界観を想像した上で考える必要がある。

（3）日常業務における観察を続ける（1on1の場以外でも）
①なぜ、必要か？　どんな効果があるのか？

　1on1はあくまでコミュニケーションツールの一つにすぎない。このため、1on1の効果は日常のコミュニケーションの量と質に左右される。部下が1on1における対話を通じて「これをやってみよう」と意思決定した直後は、どのような変化が部下自身および部下周辺で起きているか、上司の立場で支援できることはないかなど、日常における部下の観察を意識してほしい[**図表5−28**]。観察によって気づいた事象や具体的なエピソードなどの材料が多ければ多いほど、次の1on1において具体的な事象で会話ができるようになり、上司においても1on1を継続するモチベーションアップにつながるのではないか。

日常業務における観察を続ける（1on1の場以外でも）

詳細 なぜ必要？ どんな効果が ある？	・部下の変化を見逃さない 　1on1の対話を通じて、部下の内外に変化が少しずつ生じ始める 　部下の努力、周囲の変化など、部下の周りのささいな出来事の変化を 　見逃さない ・次の1on1に向けて、具体的な事象で会話ができるようにする

Dos：行うと効果的なこと	Don'ts：行うとマイナスなこと
・日常的なコミュニケーション・観察 　強み・変化の承認、期待・頼りに対す 　る感謝、次につなげるためのフィード 　バック等を具体的に行えるよう、 　1on1以外での日常的なコミュニケー 　ション・観察を継続する ・部下の周囲からの反応にも気を配る 　部下と周囲の関係性も観察の対象に 　必要に応じてヒアリングを行う ・メモを取る	・1on1の場だけで答えを出そうとする

②行うと効果的なこと（Dos）

　部下の行動や様子に関心を払い、観察を続けることである。日頃から具体的で事実に基づく情報を収集しておくことで、1on1の場で部下の強みや行動変化に対する承認、今後への期待、感謝、内省につながる問い掛けを具体的に行えるようになり、1on1の期待効果をさらに強化することができる。上司は複数の部下を抱えていることもあるため、把握内容は日常的に記録しておく習慣をつけるとよいだろう。また、本人観察のみならず、必要に応じて周囲へのヒアリングを実施することも有用である。

③行うとマイナスなこと（Don'ts）

　1on1を「週1回、時間を取って何か対話をすればよい」くらいに捉えていると、その効果は期待しづらい。あくまで1on1は手段（How）であり、目的は部下の躍進行動を支援することである。目標を達成する

ためには、１on１の時間だけで年齢逆転マネジメントの問題を解決することは不可能であり、日常のコミュニケーションの量と質を上げていくことで部下との関係性を変えていくものと心掛けていただきたい。

ケース３　面談スクリプト　躍進行動支援フェーズ
■補足設定：上司（安達さん）の思い

　上司として「その仕事を部下にも振ってほしい」「ノウハウを可視化してほしい」「他の業務にもこれまでの経験を活かしてプレイヤーとして携わってほしい」という期待を伝えて行動を促したい。

　そのために五つの躍進行動のうち、「年下とうまくやる」「まずやってみる」ことを促進させる１on１を継続したい。

■良いスクリプト（太字：重要なポイント）

安達：「お疲れさまです。今日は前回の話の続きから始めていいですか？」
　　　【上司の感情：だいぶ自然に面談できるようになってきたかな】

片岡：「あ、そうですね。よろしくお願いします」

安達：「片岡さん自身は、他部署とスムーズなコミュニケーションを取れていると思うのですが、ほかのメンバーはなかなかうまくできないっておっしゃっていましたね」

片岡：「そうですね、まだまだ下には任せられないなーと感じますね」
　　　【部下の感情：前回も話したけど、まだほかのやつには任せられないし】

安達：「片岡さんが任せられないという場面をもう少し具体的に教えてもらってもいいですか？（話を深掘りする問い掛け／語りを聞くことに集中する）」
　　　【上司の感情：なぜ任せられないんだ？　具体的にはどういうことだろう？】

片岡：「え、そうですね…例えば、他部署の上長に話をするときは、それぞれ気を付けないといけないポイントがあるんですよ」

【部下の感情：なんだよ、そんなの分かるだろう…】

安達：「気を付けないといけないポイント？（**部下のありのままを映し出す／事象の映し出し**）」

片岡：「そうです。例えば、品質保証の田中部長は結構短気なので、結論から話さないと聞いてくれないとか…」

安達：「なるほど、田中部長は結論から話さないと聞いてくれないんですね」

片岡：「逆に生産技術の大橋部長は、経緯を細かく説明しないと動いてくれませんね」

安達：「そうなんですね、片岡さん、よくご存じなんですね（**部下の強みを伝える**）。そうしたことはどうやって分かるようになったんですか？（**話を深掘りする問い掛け／部下の語りを聞く**）」

【上司の感情：ほー、意外に各部署の上長の特徴をよく見ているんだな】

片岡：「え？　どうやって…って言われても…なんとなくですよ、なんとなくの経験」

【部下の感情：いやーそんなの当たり前のことなんだけどな…でも、確かに…どうやって覚えていったんだっけ？】

安達：「経験ですか…総務に来てからすぐ分かったのですか？」

【上司の感情：何かきっかけがあったんじゃないかな…】

片岡：「いやーもちろん最初からというわけではないですよ。どうだったかな…結構昔のことだし」

安達：「例えば、初めてうまくやれたなーと思った印象的な出来事はありませんか？（**部下のありのままを映し出す／部下自身の思考の掘り下げ／客観的自己認知を促す**）」

【上司の感情：身に付けていった経験を何とか聞きたいな…】

片岡：「うーん、そうだな…（しばらく沈黙）」

安達：「（沈黙）（**語りを聞くことに集中する／沈黙を恐れない**）」

片岡：「確か、初めて株主総会の運営を担当することになったとき、結構苦労したような気がしますね」

安達：「初めての株主総会の運営ですか。もう少し状況を詳しく話してもらえ
　　　ませんか？（話を深掘りする問い掛け／語りを聞くことに集中する）」

片岡：「そうですね…あのときはとにかく仕事量が多くて、私自身も異動して
　　　きて間もなかったにもかかわらず、当時の部長が結構仕事を振ってきた
　　　んですよね…。各部署に提出してもらわないといけない書類が多くて、
　　　締め切りに間に合うよう、担当の役員にお願いして、該当の部長に直接
　　　依頼をしてもらったりして…。いやー、そのとき、結構いろんな部署の
　　　人と話す機会が必然と増えていって…だんだんスムーズにコミュニケー
　　　ションを取れるようになったような気がしますね」

安達：「初めての仕事だったのに、結構仕事を任されていたんですね。すごい
　　　ですね（褒める）」
　　　【上司の感情：片岡さん、結構地道に頑張ってやってきたんだ】

片岡：「そう？　とにかくやらないと終わらない感じだったし。でも、あのと
　　　き鍛えられたねー」
　　　【部下の感情：「すごい」か…でも言われてみると、確かにあのとき頑
　　　張ったよな】

安達：「そうなんですね。仕事を任されたとき、片岡さんはどんな気持ちでし
　　　た？（部下のありのままを映し出す／部下自身の思考の掘り下げ／客観
　　　的自己認知を促す）」
　　　【上司の感情：自分が任せてもらったときの気持ちを思い出してもらい
　　　たいな…】

片岡：「えー気持ち？…気持ちってどんなだったかな？（しばらく沈黙）最初
　　　は面倒くさいなーって思ってましたけど、株主総会は総務が一丸となっ
　　　てやる仕事の一つですしね。とにかくやらせてもらってるうちに、なん
　　　となく総務の一員になれたって感じがしましたね」

安達：「そうなんですね、やっているうちに総務の一員になれたという感じが
　　　したんですね」

片岡：「そうですね。当時は私自身まったく経験がなかったのに、部長はよく

仕事を振るなーって思いましたけど。まあ、あれがあったから、他部署
との調整はそんなに苦にならなくなったかもしれませんね…」

安達：「なるほど！　未経験だったにもかかわらず、当時の部長が片岡さんに
仕事を任せたことで、今の片岡さんのコミュニケーション力が養われて
きたんですね **（部下のありのままを映し出す／部下が見えていなかった
角度・側面から物事を捉えてもらう）**」

片岡：「言われてみれば、そうかもしれませんね…（しばらく沈黙）」
【部下の感情：部長、結構分かってくれるな…】

安達：「（沈黙）**（語りを聞くことに集中する／沈黙を恐れない）**」

片岡：「よくやらせましたよね…当時の部長…。でも、今思えば、あのとき未
経験だったからこそ、一生懸命やったのかもしれませんね…任された責
任もありましたし」

安達：「そうですね、初めてのことだからこそ、当時の部長は片岡さんにやら
せたかったのかもしれませんね **（部下のありのままを映し出す／部下が
見えていなかった角度・側面から物事を捉えてもらう）**」
【上司の感情：そのときの上司の気持ちが分かると、部下に任せる大切
さに気づくかもしれない…】

片岡：「うーん、そうなんですかね…確かにそういうところはあるかも…」

安達：「片岡さん自身がほかのメンバーに仕事を任せてみると、どうなりそう
ですか？　**（部下の意思決定を引き出す）**」

片岡：「えー、任せるんですか？　いやー、どうですかね…？　よく分からな
いですけど…。まあ、一部任せられることもないことはないですけど」
【部下の感情：まあ、自分は任せてもらってちゃんとできたけど、今の
メンバーが同じようにやれるかどうか…心配だな…】

安達：「片岡さん自身、初めての仕事を任せられたことで、力を発揮できた経
験がおありですよね **（部下の可能性を信じ、期待を込める）**」
【上司の感情：片岡さんならできると信じたい…】

片岡：「まあ、そうですけど…うまくやってくれますかね…心配ですけど…」

安達：「片岡さんはどんなふうにやったら、うまくいきそうだと思いますか？
　　　（部下の意思決定を引き出す）。もし、私にできることがあれば、いつで
　　　もサポートします（上司のサポートを明言することで、部下の孤独感を
　　　なくす）」

【上司の感情：まずはやってみてほしい！！】

片岡：「そうですか…少し時間をもらってもいいですか？」

【部下の感情：いきなり仕事を振ることはできないし】

安達：「もちろんです。次回はその話題を話し合いましょうか。片岡さんなら
　　　きっといい方法を考えてくれると思ってます（部下の可能性を信じ、期
　　　待を込める）」

片岡：「まあ、考えて見ます…」

【部下の感情：まあ、ちょっと考えてみてもいいけど】

■悪いスクリプト（太字：重要なポイント）

安達：「お疲れさまです。今日は前回の話の続きから始めていいですか？」

片岡：「あ、そうですね。よろしくお願いします」

安達：「片岡さん自身は、他部署とスムーズなコミュニケーションが取れてい
　　　ると思うのですが、ほかのメンバーはなかなかうまくできないっておっ
　　　しゃっていましたね」

片岡：「そうですね、まだまだ下には任せられないなーと感じますね」

安達：「1回、任せてみたらいいんじゃないですか？（上司が先にやるべきこ
　　　とや改善すべきことを提示している）」

【上司の感情：とにかくほかのメンバーにもやらせてほしいんだよな…】

片岡：「ええ…まあ…そうなんですけど（しばらく沈黙）」

【部下の感情：はあ？　いきなりそう言われても…準備とかタイミング
とかあるし】

安達：「あ、いやいや…変な意味じゃなくて…（沈黙を恐れて、話してしまう）。
　　　片岡さん、ほかの仕事も大変だと思うし、引き継いでもらったほうが仕

事も進むと思うんですよ」

【上司の感情：あ、まずい。ちょっと言い過ぎた？ 変な意味に取られたかも？】

片岡：「ええ…確かにそうですね…（沈黙）」

【部下の感情：この（調整の）仕事、結構得意なんだけどな…】

安達：「今の若手は結構やりますよ（具体的エピソードではなく、一般的な表現で伝えている）」

【上司の感情：もっと若手を信用してほしいな…】

片岡：「確かに…でも…まだ難しい部分もあるんじゃないかと…（沈黙）」

安達：「そんなことないですよ（そのままを受け入れていない／相手の話を否定・判断・評価している／反射的に指摘、修正してしまう）。片岡さん、そういう調整ごとの仕事を１人でやっちゃいますよね（沈黙を恐れて、話してしまう）。部署としては、ほかのメンバーもできるようにしてほしいんですよね（一方的に希望を伝えている／相手の反応を見ながら対話できていない）」

片岡：「はあ、確かにそうですね…」

【部下の感情：確かにそういうところはあるかもしれないけど…ほかのメンバーも忙しそうだし、タイミングとかもあるし…】

安達：「何か問題があるんですか？（情報を得ることを優先している）」

片岡：「いや、問題というわけではないんですけど…」

安達：「片岡さんはノウハウをたくさん持ってるし、若手にはどんどんノウハウを伝えていってほしいんですよね（一方的に希望を伝えている／相手の反応を見ながら対話できていない）」

【上司の感情：そんなに出し惜しみしないで、部内で共有してくれないかな…】

片岡：「はあ…（沈黙）」

【部下の感情：ノウハウだけ伝えればいいってことなのか？ そんな簡単なことじゃないのに…】

安達：「じゃあ、よろしくお願いしますね（部下の意思決定をないがしろにしている）」

4 年齢逆転マネジメントを支援する人事施策

［1］人事施策の全体像

　ここまで、部下と年齢が逆転している伴走型上司の在り方、その手段である1on1の進め方を中心に解説してきた。しかし、第1章でも触れたとおり、組織の高年齢化対策は、①人事制度改革・運用改革、②職域の拡大・多様化、③キャリア自律意識の促進の三つの観点からアプローチを行っていくことが重要である［図表5－29］。

　「①人事制度改革・運用改革」では、年功的な能力基準の資格等級から職務基準の資格等級に移行する。また、等級に求められるレベルに応じ

図表5－29　高年齢化対策の三つのアプローチ【再掲】

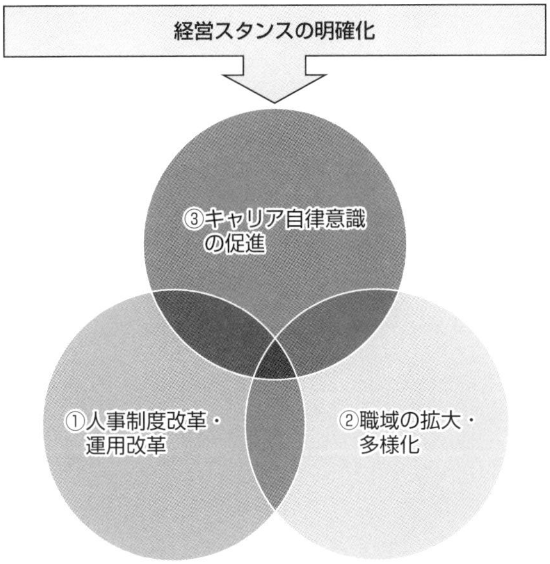

た目標設定を厳格に行うとともに、評価の相対分布管理を行い、分散を
かけることで、メリハリのある評価を行うことがポイントとなる。さら
に、雇用延長を実施する際には、定年前処遇を引きずったまま再雇用を
行うことをやめ、組織が必要とする職務に外部相場を踏まえた賃金の設
定を行い、実力を踏まえて職務を決定することなども対策として考えら
れる。

「②職域の拡大・多様化」では、社内において隙間となっている業務が
ないかフルタイムを前提とせずに探し出すこと、また繁閑や需給のギャッ
プを埋めていくために、社内公募制によるマッチングや、これまで外部
委託で行っていた業務を取り込むことなどが挙げられる。特に社内の労
働市場情報を開示し社内公募制などによりマッチングしていこうとする
と、職務で求められるスキル・経験が可視化されることになるので、求
職者となる社員のスキルアップにもつなげやすい。

「③キャリア自律意識の促進」は、ミドル・シニア社員のマインド・行
動変容を促す施策である。③は本章のテーマでもあるので、[2]で詳し
く述べたい。

また、これらの施策を進めていく上では、経営スタンスを明確化して
いくことが必要である。なぜなら、特に①②には、社内のコンセンサス
形成、実行に向けた組織体制の確立、予算化など、経営資源の投入が必
要になるからである。

［2］キャリア自律意識促進の仕掛け

ミドル・シニア社員の躍進には、「日常的に自走力を高めるための躍進
行動」と、「役職定年や定年といったトランジション（転機）を乗り越え
る力」の二つが必要である。前者が、ここまで記載してきた五つの躍進
行動（PEDAL）であり、それを促進するマネジメントの手法を前記 3
でまとめてきた。後者は、アメリカの臨床心理学者であるウィリアム・
ブリッジズが提唱した「キャリア・トランジション」の理論を基にした

意識の切り替えの重要性を説いている[2]。

　ブリッジズは、「トランジションとは、それまで培った意識を捨てて新しい意識を学習して全体を統合するとともに、自分なりのペースを獲得していく過程である」としている。その上でトランジションの過程を、物事が終わる"終わり"、次に新しいことをスタートさせる"始まり"、そしてその間にある葛藤や不安が起きる"中立期"の三つに分類した。これまで築いてきたアイデンティティを捨て、新たなアイデンティティを築いていくに当たり、この空白（中立期）の時を経験することこそが"始まり"におけるエネルギーになるともいわれている[3]。ミドル・シニア社員の躍進においても考え方は同じである。役職定年で会社から求められる役割が変化するとき、まずはこれまでの役割の"終わり"を受け入れ、ゼロリセットすることが、ミドル・シニア社員としての躍進のスタートなのである ［**図表5-30**］。

　そのための仕掛けとして、「上司からの支援」だけでなく、「本人」が意識を切り替えるための機会を合わせて提供することが求められる。例えば、第3章で触れたリアリスティック・キャリア・プレビュー（以下、RCP）の機会である。これは、環境変化理解を段階的に落とし込み、社

［**図表5-30**］ **ミドル・シニア社員の躍進（トランジション）モデル**

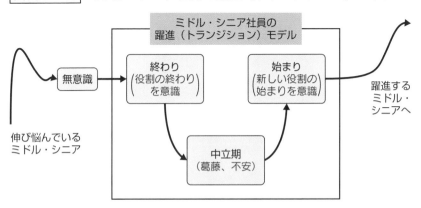

外も含めた選択肢を考えさせるものである。研修等を通じて、自身のこれからのキャリアに起こり得ることを予測し、期待と現実のギャップを事前に埋めておくことで、いざ現実が訪れたときのリアリティ・ショックを軽減させ、モチベーション低下を防ぐことに狙いを置いている。

そのほかにも、自己理解アセスメントを用いて、客観的に自己を理解し将来の行動計画を作成する機会や、自身の過去の転機を振り返ることで、自己を見つめ直し今後のキャリアを考える機会を提供することも有効であると考えられる。いずれにおいても将来のキャリアを"事前に""現実的に"考えることに重きを置くが、その考え方・アプローチには違いがある。

一方で、上記のような研修を受講すると、多くのミドル・シニア社員が理想と現実のギャップに直面し、不安や葛藤に直面することになる。スポットで行う研修はあくまで、意識を切り替える機会提供にすぎない。そんなミドル・シニア社員の味方になり、トランジションを乗り越える支援を日常的に行うのが上司の役割なのである。研修の内容を風化させないためにも、上司からの継続的なアプローチが求められる。

［3］企業事例

パーソル総合研究所では、大手金属メーカー（以下、A社）向けにキャリア自律支援施策を展開している。ここでは、簡単にその内容を紹介したい。

（1）A社の取り組み

2012年度から定年延長を実施しているA社。当初は段階的な定年延長を実現するための取り組みが主眼だったため、「定年延長プロジェクト」との名称が付けられようとしていた。だが、当時のプロジェクトオーナーだった副会長の「対象は定年延長を行うベテラン社員だけではなく、若手も管理職も含めた全社員の意識行動改革こそが本質である」という声もあり、プロジェクトには「働き方変革挑戦プロジェクト」という名称

が付けられた。この名称には、定年延長をトリガーとして、Ａ社が掲げる理念を実現するため、日本型人材マネジメントからのパラダイムシフトを図っていこうとする思いも込められている。

（2）経営のスタンス

　プロジェクト名称にも表れているが、Ａ社の定年延長にかける思いや狙いは、他の会社と大きく一線を画している。年齢一律で解雇を行う定年は、世界標準で見ても異質である上に、アンフェアな制度であり自社の掲げる「公正」の考えに反するため、ゆくゆくはなくしていきたいとする考えに端的に表れている。このため、定年延長の実現に当たっても、役職定年や60歳以降の別制度などの仕組みは設けていない。あくまで全年齢の社員はワンユニットであり、同一の制度の下で処遇する考えである。その上でＡ社は、「公正な制度運用の実現」と「社員一人ひとりの自律」を実現するための取り組みを行っている。

（3）制度運用改革：マネージャーの関与に向けた取り組み

　組織の高年齢化が進む中で定年延長を実施していくと、上位等級者の滞留と人件費の増大という問題が発生する。この問題に対し、ポジションの新陳代謝をし、賃金減額措置として役職定年を導入せずして解消していくためには、厳格な評価と昇降格を行っていくことが必要とされる。

　この実現に当たって、Ａ社は上位等級のポジション管理を行うとともに、評価制度の運用改革を行った。

　まず、これまでの評価制度の運用実績を分析したところ、Ａ社の評価実績は中心化傾向が著しく、昇降格の運用も下方硬直性が非常に高いことが明らかになった。とりわけ40代、50代社員においてはこの傾向が強く、メリハリのある制度運用を実施するために、管理職のマインド・実践力向上を目的とした評価者研修を数千名にも上る評価者全員に複数回、ローリングで実施した。特に評価者研修で狙いを置いたのは、評価の中心化の温床となっている、マイナス評価実施時のマネージャーのフィードバックマインド、実践力の不足である。このため評価者研修において

は、マイナスフィードバックを実施するロールプレイ演習を導入している。また、役割の変化を余儀なくされる確率の高い50代社員を部下に持つマネージャーに向けては、部下役、上司役のロールプレイを含めた年上部下向けのキャリア面談の実践研修も行った。

（4）社員の意識改革の取り組み

A社はプロジェクトを始めるのに先立ち、会長や外部識者、社員の声を集めたビデオレターやリーフレットを広報部と連携して作成し、全社員に向けて発信を行っている。また、社内報でも、プロジェクトオーナーである副会長からの定期的な発信とともに、ロールモデルとなるさまざまな社員のキャリアストーリーを紹介している。

A社では、節目年齢となる30歳、40歳、50歳、58歳の全社員を対象としたキャリア研修を行っている [**図表5－31**]。役割の変化が起こりやすい50代社員に対しては、厳格な評価の下で不都合な変化が起こり得ることを自分事として考え、一方では、自己の価値観やスキルに基づいた広い視野でキャリアを考えるためのきっかけとなる研修を行っている。ま

図表5－31 節目年齢におけるキャリア研修

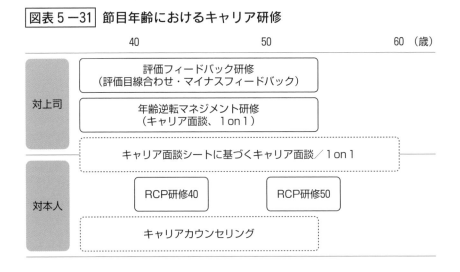

た、年齢が逆転している状況においては、上司が部下の課題や今後のキャリアに向けた改善点を指摘することが非常に難しいため、50代社員については、今後のキャリア形成に向けた強みや課題を本人に自覚してもらうことを目的とした多面観察（360度評価）も導入している。360度評価は、年齢が逆転している状況、かつ上司が部下の行動をすべて観察できない中で、本人の自覚を促す有効な手段と認識されている。

（5）年齢逆転マネジメント研修のコンセプト

　会社が置かれている状況や上司の重要性を理解した上で、ベテラン社員向けのキャリア面談の進め方について、ロールプレイングを通じて実感値を得てもらう［**図表5−32**］。

（6）受講者の感想

　受講者の多くが、ベテラン社員向けのキャリア面談はうまく行えていない実態であったが、その中でキャリア支援を行う必要性や実際の進め方について理解が進んだという点で、受講者の9割以上から研修は有意義なものだったとの回答が得られた。

図表5−32　ベテラン社員向けのキャリア面談の進め方

	テーマ	概要
1	自社の現状と未来を考える	自社の現状にて定年延長をするとは？ 人事施策として行わなくてはならないことは？
2	上長として自らの役割を理解する	現場の上司として、部下がより良いキャリア選択ができるようサポートする役割を理解する
3	キャリア面談について考える	明るい未来に向かう話だけではない現実を理解し、適切に面談を行えるよう準備する
4	ベテラン層へのキャリア面談を実践する	ベテラン層への面談の目的を理解するとともに、ロールプレイを通じてポイントを体感する
5	今後に向けて	面談だけでなく、日々の対話を通じた支援の重要性を理解する

［4］上司支援と本人支援

　ダニエル・ピンクが2010年に発表した『モチベーション3.0』。生き残りを目的にした動機づけを1.0、報酬と罰則というアメとムチで構築された動機づけを2.0と定義し、このアプローチはルーティンワークが中心の時代にのみ有効で、創造的な業務においては生産性をそいでしまうとしている。

　その上で、彼が提唱しているのがモチベーション3.0である。3.0とは、個人の興味、好奇心、才能の開花、自己の成長、キャリア意識、達成感、顧客や他のメンバー、さらには社会貢献意識を中心とした内的動機づけである。この動機づけを具現化する上でポイントになるのが、上司、同僚との仕事を中心としたコミュニケーションの再構築と活性化であるという。

　特に、役職定年後や定年後再雇用などのトランジションに直面したミドル・シニア社員は、従前より仕事の役割が軽くなり、当人だけでは仕事の意味づけを行うことが困難な状態に陥っているケースが少なくない。さらには、権限をベースとした「報・連・相」のコミュニケーションも失われてしまう。日常のささいな仕事の中で、少しでも意義を感じてもらうためには、仕事に関する目的説明やフィードバックを上司や同僚が頻度高く行っていくことが何よりも大切になってくる。先輩や元上司をおもんぱかるあまり、なるべく声を掛けないというのは、無響室に閉じ込めるがごとく最悪のマネジメントである。上司が積極的にミドル・シニア社員の特性を理解した上で働き掛けを行い、才能と働きがいの鉱脈を探るとともに、働き方や貢献の多様性を広げていく、新たな視点でのダイバーシティマネジメントの確立が急務である。

　新たな一歩に向けては、ミドル・シニア社員本人とその上司の双方への“シフトアプローチ”を“継続的に”行っていくことが必要だと考えている。なぜならば、年功マネジメントのパラダイムに長らく漬かってきた日本企業においては、上司、部下ともに意識と行動を一朝一夕に変

えられるものではないからだ。

　紹介したＡ社の事例のように、年齢が逆転した上司と部下との対話は
うまく進まないかもしれない。なかなか本音を出さないミドル・シニア
社員の門が開くのを、辛抱強く待つことが必要になるだろう。年上部下
との１on１は確かに労力を要するが、彼らの自律的成長を支援すること
は、今後ますます多様化する労働環境において管理職のマネジメント力
の向上に確実につながるものといえる。

　個人の就業環境・就業意識の変化に伴い、職場のマネジメントの"ス
タンダード"は既に変わりつつある。人材流動化に伴う中途入社者の増
加、ワーキングマザー、副業・兼業人材など多様化が進む価値観・働き
方に応じたマネジメントが求められている。ミドル・シニア社員への年
齢逆転マネジメントは、これまでに日本が十分な経験とノウハウを確立
できていない領域であり、対象者の特性からも難易度は高いが、自律的
にキャリアを描けていないのはミドル・シニア社員に限った話ではない。

　これまでのマネジメントがスタンダードでなくなった現在、上司は新
しいスタンダードに適応していくことが求められる。"脱年功マネジメン
ト"は、その一つにすぎない。これまでは、"ミドル・シニア社員は変わ
らない"ことを前提とし、腫れ物に触れるようにしてきたところも多い
だろう。だが、人は幾つになっても成長・承認に対する欲求があるもの
である。まずは焦らず、部下を信じて、マネジメントの基本ともいえる
コミュニケーション（躍進行動支援のための１on１）に取り組んでみて
いただきたい。本書がその一助になれば幸いである。

　年上部下とともにキャリアを考えるプロセスは、必然的に自分の将来
のキャリアを考える機会にもなるはずである。人は必ず老いていく存在
であり、自身がミドル・シニア社員になった際に躍進をし続けていくた
めの準備にもなるだろう。

1　ハーバード・ビジネス・レビュー編集部編. オーセンティック・リーダーシップ. ダイヤモンド社. 2019.

2　W.Bridges. Transitions. Da Capo Press. 1980.

3　二村英幸. 個と組織を生かすキャリア発達の心理学：自律支援の人材マネジメント論. 金子書房. 2009.

参考文献

中原 淳. はじめてのリーダーのための 実践！フィードバック. PHP研究所. 2017.

岩壁 茂編著. カウンセリングテクニック入門：プロカウンセラーの技法30. 金剛出版. 2018.

岡田昌毅, 小玉正博編. 生涯発達の中のカウンセリングⅢ：個人と組織が成長するカウンセリング. サイエンス社. 2012.

杉原保史. キャリアコンサルタントのためのカウンセリング入門. 北大路書房. 2016.

世古詞一. シリコンバレー式 最強の育て方─人材マネジメントの新しい常識 1on1ミーティング─. かんき出版. 2017.

本間浩輔. ヤフーの1on1：部下を成長させるコミュニケーションの技法. ダイヤモンド社. 2017.

渡辺三枝子編著. キャリアカウンセリング実践：24の相談事例から学ぶ. ナカニシヤ出版. 2016.

著者プロフィール

第1章

石橋 誉　コンサルティング事業本部　シニアマネジャー

国際会計事務所系コンサルティング（PwC、Deloitte）、国内戦略コンサルティングファーム（NTT データ経営研究所）、リクルートグループ勤務を経て、2017 年 4 月よりパーソル総合研究所に参画。米国 CCE, Inc. 認定 GCDF-Japan キャリアカウンセラー。

第2〜4章

小林祐児　シンクタンク本部　主任研究員

NHK 放送文化研究所に勤務後、総合マーケティングリサーチ・ファームを経て 2015 年パーソル総合研究所に入社。専門は理論社会学・社会調査論・人的資源管理論。主な著書に『会社人生を後悔しない 40 代からの仕事術』『アルバイト・パート採用・育成入門』（いずれもダイヤモンド社・共著）、『残業学 明日からどう働くか、どう働いてもらうのか』（光文社・共著）など。

第5章

迎 美鈴　コンサルティング事業本部　マネジャー

総合コンサルティングファームにてシステム・経営コンサルタントとして、金融・製造・商社等で基幹システムの導入および組織変革支援を遂行。その後、同社・戦略コンサルタントとして戦略人事を中心とし、グローバリゼーション推進に向けた組織・人材開発、グローバル人材育成方針策定、OJT ／ Off-JT 施策の企画・立案・実行をリード。2017 年 9 月よりパーソル総合研究所に参画。人事・人材戦略策定、ビジョン策定に伴う全社風土改革、人事制度設計などのプロジェクトをリード。

中島夏耶　コンサルティング事業本部　シニアコンサルタント

大手調査会社において、官公庁および大手民間企業に向けてデータを活用したソリューションサービスを企画・立案・提供。その中でも、企業の中に埋もれている無形資産（人や組織などに当たる目に見えない資産）の顕在化、無形資産を活用した経営に関する調査・研究に多数参画。2018 年 3 月よりパーソル総合研究所に参画。

カバー・本文デザイン／加藤 裕司

印刷・製本／日本フィニッシュ株式会社

ミドル・シニアの脱年功マネジメント

2020年 5 月30日 初版発行

編　者　パーソル総合研究所
発行所　株式会社 労務行政
　　　　〒141-0031 東京都品川区西五反田 3 - 6 - 21
　　　　　　　　　住友不動産西五反田ビル 3 階
　　　　TEL：03-3491-1231
　　　　FAX：03-3491-1299
　　　　https://www.rosei.jp/

ISBN978-4-8452-0411-3